생물, 물리, 화학, 지구, 우주까지
# 과학의 핵심

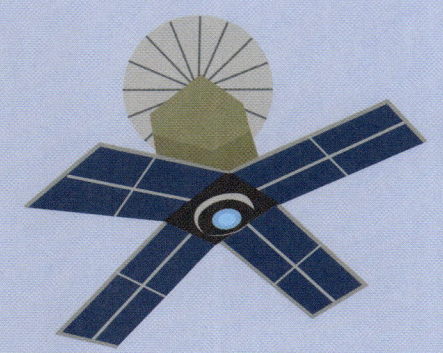

지은이 DK 『과학의 핵심』 편집위원회
책임 편집 | 스티븐 카턴
미술 편집 | 조 로런스
일러스트 | 클라리스 하산
편집 | 에드워드 에이브, 벤 모건
디자인 | 사만타 리카아르디, 로런 퀸
표지 디자인 | 아키코 카토, 소피아 MTT
집필 | 에드워드 에이브, 벤 프랜컨 데이비스, A. M. 다수
역사 자문 | 필립 파커
영국 미디어 아카이브 | 로메인 워블로우
편집 주간 | 레이철 폭스
미술 주간 | 오언 페이턴 존스
제작 | 로라 앤드루스, 질리언 리드

옮긴이 이현주
이화여자대학교에서 물리학 학사, 서울대학교에서 천문학 석사, 매사추세츠대학교에서 과학교육 박사 학위를 받았다. 현재는 미국 스미스소니언 과학 교육 센터에서 일하고 있다. 옮긴 책으로 『신기한 스쿨버스 키즈』 시리즈(공역), 『수학의 핵심』 등이 있다.

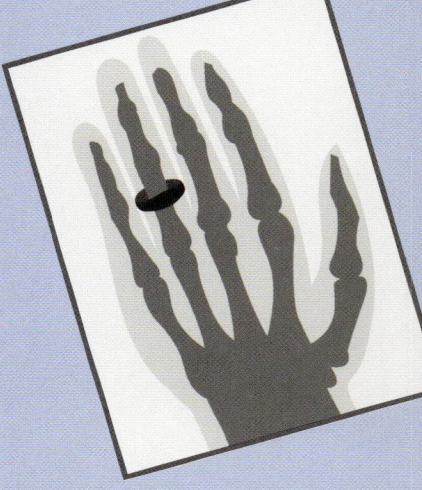

# 과학의 핵심

### 생물, 물리, 화학, 지구, 우주까지

1판 1쇄 찍음 2022년 10월 15일  1판 1쇄 펴냄 2022년 12월 30일

지은이 DK 『수학의 핵심』 편집위원회
옮긴이 이현주 펴낸이 박상희 편집주간 박지은 편집 김지호, 박희정 디자인 정다울
펴낸곳 (주)비룡소 출판등록 1994.3.17.(제16-849호)
주소 06027 서울시 강남구 도산대로1길 62 강남출판문화센터 4층
전화 영업 02)515-2000 팩스 02)515-2007 편집 02)3443-4318,9
홈페이지 www.bir.co.kr 제품명 어린이용 각양장 도서
제조자명 RR Donnelley Asia Printing Solutions
제조국명 중국 사용연령 3세 이상

Original Title: What's the Point of Science?
First published in Great Britain in 2021 by
Dorling Kindersley Limited
DK, One Embassy Gardens, 8 Viaduct Gardens, London, SW11 7BW

Copyright © Dorling Kindersley Limited, 2021
A Penguin Random House Company
All rights reserved.

Korean Translation Copyright © 2022 by BIR Publishing Co., Ltd.
This Korean translation edition is published by arrangement with Dorling Kindersley Limited, London.

이 책의 한국어판 저작권은 Dorling Kindersley Limited와 독점 계약한 (주)비룡소에 있습니다. 저작권법에 의해 한국 내에서 보호를 받는 저작물이므로 무단 전재와 무단 복제를 금합니다.

ISBN 978-89-491-5274-5 74400
ISBN 978-89-491-5290-5 (세트)

For the curious
www.dk.com

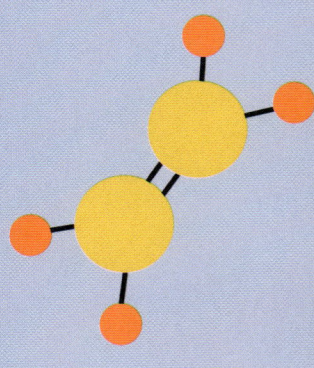

생물, 물리, 화학, 지구, 우주까지

# 과학의 핵심

DK 『과학의 핵심』 편집위원회 지음 | 이현주 옮김

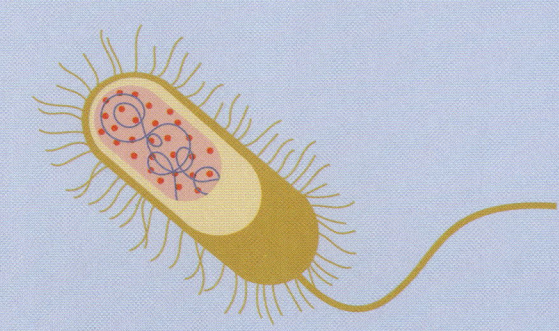

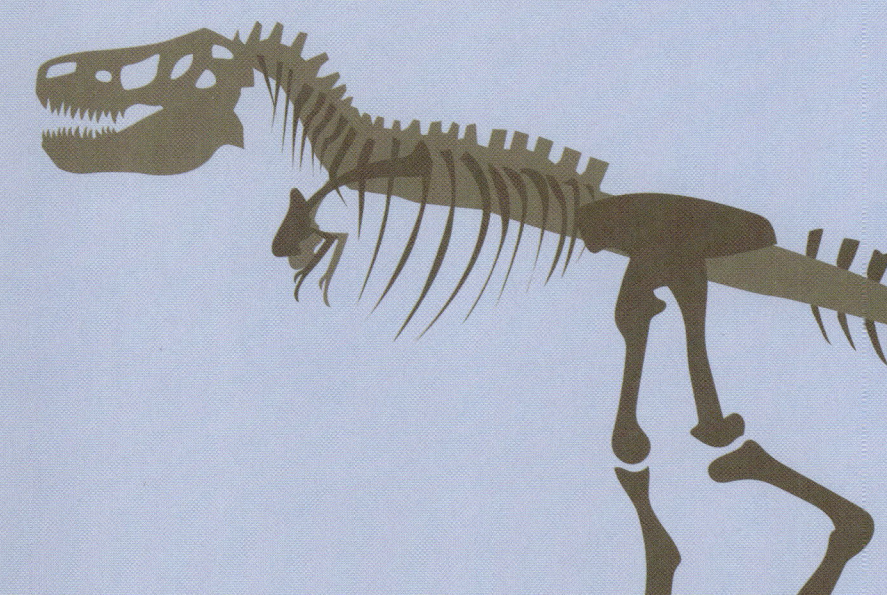

비룡소

# 차례

6     도대체 과학이 뭔데?

8     **도대체 생물학이 뭔데?**

10    생물학이 왜 필요한가요?
12    과거를 보는 법
16    바이러스를 막는 법
20    누구를 닮았을지 예측하는 법
24    수많은 생명을 구하는 법
28    음식을 신선하게 보관하는 법
32    살아남는 법
36    뛰어난 생물학자들

40    **도대체 물리학이 뭔데?**

42    물리학이 왜 필요한가요?
44    세계를 움직이는 동력
48    엑스선으로 보는 법
52    잠수함을 찾는 법
56    굉장한 물리학자들

60    **도대체 화학이 뭔데?**

62    화학이 왜 필요한가요?
64    통증을 없애는 법
68    금을 만드는 법
72    미래를 예측하는 법
76    하늘에 불을 밝히는 법
80    플라스틱을 만드는 법
84    호기심 많은 화학자들

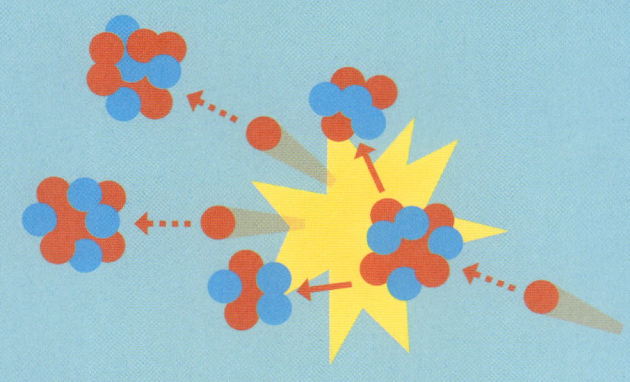

| 88 | **도대체 지구 과학이 뭔데?** |
|---|---|
| 90 | 지구 과학이 왜 필요한가요? |
| 92 | 내일 날씨를 아는 법 |
| 96 | 나의 위치를 찾는 법 |
| 100 | 핵 실험을 멈추는 법 |
| 104 | 멋진 지구 과학자들 |

| 108 | **도대체 우주 과학이 뭔데?** |
|---|---|
| 110 | 우주 과학이 왜 필요한가요? |
| 112 | 중력을 거스르는 법 |
| 116 | 모든 것이 시작된 방법 |
| 120 | 대단한 우주 과학자들 |
| 124 | 과학의 별들 |
| 126 | 용어 설명 |
| 128 | 찾아보기 |

이 책에서 연도에 기원전이나 서기라는 말이 쓰이는 경우를 종종 볼 수 있어요. '기원전'이라는 말은 예수가 태어난 해를 기준으로 그 이전을 말해요. 다른 말로는 '공통 시대 이전'이라고도 해요. 예수가 태어난 이후는 '서기'라고 하는데, 서기라는 말을 생략하고 연도만 쓰는 경우가 많아요.

# 도대체 과학이 뭔데?

주변을 둘러봐요. 조그만 장치에서부터 우리가 알고 있는 우주에 관한 모든 것에 이르기까지 과학은 어디에나 있어요! 과학자들은 세상과 우리의 삶이 나아지도록 항상 질문하고 우리 주변의 세상에 관해 좀 더 알려고 노력하지요. 과학자들의 피나는 노력과 끊임없는 호기심 덕분에 우리는 많은 것을 얻게 되었어요. 여기에 나와 있는 것은 그중 일부분에 불과해요.

## 공룡!

누구나 공룡을 좋아해요. 그렇지만 고생물학자와 생물학자들이 없었다면 공룡과 고생물에 관해 잘 알지 못했을 거예요. 화석을 발견하고, 조심스럽게 추출하여, 잘 보존함으로써 과학자들은 공룡 시대와 그 이전, 그 이후 시대를 재구성할 수 있었어요.

## 건강하게

의사, 치과 의사, 물리 치료사, 심리학자 들은 모두 과학으로 우리가 어디가 아픈지, 어떻게 하면 건강해질 수 있는지 알아내요. 그리고 과학은 치료법을 발전시켜 미래에는 아픈 사람이 지금보다도 더 회복될 수 있도록 도와요.

## 벽돌 하나하나

물리학에 나오는 힘과 물질에 관한 지식 덕분에 좀 더 멋지고 아름다운 건물들을 지을 수 있어요. 우리는 일하는 공간, 공부하는 공간, 즐길 수 있는 공간 등 생활 공간이 필요해요. 과학은 건축학자들과 공학자들이 이러한 공간들을 실현시킬 수 있도록 도와주었어요.

## 지구 보존하기

과학자들은 사람이 얼마나 지구에 피해를 주는지 알려 주었어요. 많은 사람들은 과학자들이 힘을 합쳐 지구 온난화에 대한 답을 찾고 지구의 생명체를 구할 수 있기를 바라고 있어요.

## 우주 탐색하기

우리가 현재 우주에 관해 알고 있는 모든 것들은 과학자들이 꾸준히 하늘을 관찰하고 정보를 수집해 온 결과예요. 최근 수십 년간 과학자들은 지구를 벗어나 태양계의 더 많은 정보를 수집할 수 있도록 거대한 로켓들을 발사하기도 했어요.

## 안전하게 지키기

바이러스와 질병, 감염병은 인류 역사상 오랫동안 수많은 사람들의 생명을 단축시켰어요. 과학자들과 의사들은 백신, 항생제, 그리고 다양한 치료약을 사용하여 수많은 사람들의 생명을 구하고 건강과 행복을 지켜 왔어요.

## 생활을 편안하게

여러분이 입고 있는 옷에서부터 운동 기구, 심지어 이런 책에 이르기까지 과학은 우리가 일상생활에서 편안하게 즐기고, 배울 수 있도록 새로운 물질들을 만들어 냈어요.

## 세계 탐험하기

수백 년 전에 세계를 항해하던 탐험가들은 말할 것도 없고, 오늘날 해외여행을 가려고 비행기에 오르는 여행객들에 이르기까지 불가능한 것들을 가능하게 해 준 과학의 도움을 받았어요. 과학은 여행과 탐험을 보다 안전하고, 편안하고, 좀 더 즐겁게 만들어 주었어요.

## 재미있게 즐기기

재미있는 것을 원하나요? 과학이 해결해 줄 거예요! 불꽃놀이, 전자 악기, 비디오 게임 콘솔에 이르기까지 모두 멋진 과학적 발견이 있었기 때문에 가능했어요.

## 나 자신을 이해하기

우리는 누구를 닮아 이렇게 생긴 걸까요? 우리 몸 안에는 무엇이 있을까요? 오랜 기간 동안 동물들은 어떻게 살아남고 변화해 왔을까요? 과학은 이러한 질문에 대한 답을 해 주었고, 앞으로 생길 더 많은 질문에 대한 답도 해 줄 거예요.

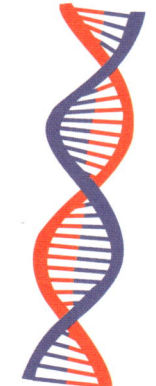

## 날씨 예측하기

내일 날씨는 맑겠습니다. 모레에는 태풍이 불어오겠어요. 과학자들은 날씨에 관한 정보를 모으고 그것이 무슨 뜻인지를 알려 줘요. 날씨 예보는 농부, 비행사, 항해사와 같이 날씨에 영향을 받는 일을 하는 사람들에게 더욱 중요해요.

## 모두를 위한 식량 키우기

전 세계 인구가 점점 더 늘어남에 따라 영양가가 풍부한 식량을 키우는 일은 전보다 더욱 중요해졌어요. 생물학과 화학에 관한 이해는 지구상의 자원을 최대한으로 활용할 수 있게 해 주어요.

# 도대체 생물학이 뭔데?

사람들이 어떻게 끔찍한 바이러스와 전염병과 싸워 왔는지 궁금해한 적이 있나요? 무엇이 사람들의 생김새를 서로 다르게 만드는 걸까요? 그리고 동물들은 어떻게 먹이를 사냥할까요? 이러한 질문들, 그리고 수많은 다른 질문들에 대한 답을 생물학에서 찾을 수 있어요. 생물학은 아주 작은 단세포 생물인 박테리아부터 크고 복잡한 인간과 같은 동물에 이르기까지 모든 형태의 생명에 관해 연구하는 학문이에요.

# 생물학이 왜 필요한가요?

살아 있는 것이라면 생물학과 어떻게든 연관되어 있어요. 왜냐하면 생물학은 생명에 관한 학문이니까요. 우리가 왜 잠을 자는지, 동물들은 왜 그렇게 행동하는지, 우리가 매일 먹는 음식을 만드는 데 필요한 것은 무엇인지 등에 대해서 궁금한 적이 있다면 생물학에 주목해요. 그러한 질문들은 물론 더 많은 질문들에 대한 답을 생물학에서 찾을 수 있기 때문이에요!

## 일상생활에서의 생물학

생물학을 연구하는 과학자를 '생물학자'라고 불러요. 생물학자는 우리 몸 안의 세포가 어떻게 작용하는지부터 거대한 동물 떼가 어떻게 환경에 적응하고 서로 의지하면서 생존하는지에 관해서까지 모든 것을 연구해요. 생물학자들은 사람들에게 위험한 질병에 관해 경고하고, 사람들의 활동으로 인해 위협받는 동물 종에 관해 알려 주어요.

### 현실 속 과학

#### 소중한 식물들

식물이 없다면 지구 상에 생명체가 존재하지 않을 거예요. 식물은 태양 에너지를 이용하여 스스로 양분을 만들고 동물과 사람에게 음식으로 소비돼요. 사람들은 식물을 이용해 물질을 만들기도 하고 식물을 태워서 **연료로도 사용하지요.**

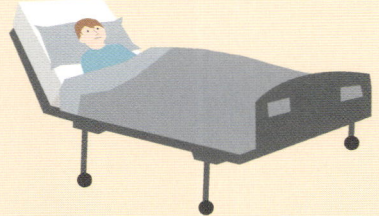

생물학자들은 우리 몸이 어떻게 질병과 감염에 반응하는지 연구하고 그 정보를 바탕으로 치료법을 개발해요.

동물들이 어떻게 먹고, 놀고, 번식하고, 휴식하는지 등을 연구하는 동물 행동학은 생물학에서 큰 부분을 차지해요.

생물학자들은 생명체가 어떻게 환경과 상호작용하는지, 오랑우탄처럼 멸종 위기에 놓인 동물들을 어떻게 보호할지 연구해요.

생물학자들은 운동하고, 잠자고, 균형 잡힌 음식을 먹는 것이 몸과 마음의 건강을 지키는 데 얼마나 중요한지를 알려 줘요.

농생물학자들은 바나나같이 영양이 많은 작물을 키워서 동물에게 먹이로 쓸 가장 좋은 방법을 연구해요.

# 생물학은 무엇인가요?

생명이 탄생하는 데 필요한 구성 요소부터 사람이나 동물, 식물, 심지어 단세포 생물이 어떻게 살고, 자라고, 번식하고, 죽는지까지 연구해요. 생물학은 생명이 있는 모든 것을 설명하는 학문이에요.

나무는 '광합성' 과정을 통해 햇빛을 이용하여 필요한 양분을 스스로 만들어 내요.

생물학자들은 우리 뇌가 어떻게 작동하는지 연구해요. 예를 들어, 휴식을 취하거나 음악을 들을 때처럼 우리가 좋아하는 것을 할 때 뇌가 어떻게 반응하는지 연구하지요.

키나 성격 등 내 모습의 대부분은 생물학으로 설명될 수 있어요.

벌은 각 종마다 서로 다른 방법과 독특한 행동으로 벌집을 만들고 식량을 찾아요.

생물학자들이 말하길 새가 공룡과 가장 가까운 생물이래요.

# 도대체 세포가 무엇인가요?

빌딩이 벽돌로 이루어진 것처럼, 작은 박테리아부터 완전히 자란 성인 사람에 이르기까지 모든 생명체는 아주 작은 세포로 구성되어 있어요. 세포는 현미경 없이는 볼 수 없어요. 모든 세포가 다 똑같이 생긴 건 아니에요. 식물 세포에는 세포를 보호하고 세포 모양을 잡아 주는 단단한 세포벽이 있어요. 동물 세포에는 각각 특정한 역할을 하는 작은 기관들이 다양하게 있어요.

**식물 세포**

엽록체는 태양 에너지를 이용하여 세포가 양분을 만들도록 해 주어요.

식물 세포는 '액포'라는 공간에 양분, 물, 그리고 노폐물을 저장해요.

동물 세포와 식물 세포 모두 미토콘드리아에서 영양분을 에너지로 바꾸어요.

식물 세프는 단단한 세포벽으로 세포의 모양을 잡아 주어요.

리보솜은 단백질을 만들어요.

세포질은 세포 안에 있는 젤리 같은 액체예요.

동물 세포와 식물 세포에 있는 세포핵이 유전 정보를 저장해요.

**동물 세포**

# 과거를 보는 법

생물이 죽었을 때 조건이 잘 맞으면 생물의 유해가 수백만 년 동안 암석 속에 보존되어 흔적이 남게 돼요. 이 흔적을 '화석'이라고 해요. 화석 채집가였던 메리 애닝은 화석을 수집가들에게 팔기 위해 영국의 라임 리지스에 있는 절벽을 샅샅이 찾던 중 획기적인 발견을 했어요. 메리의 발견은 과학자들이 생각하던 지구 생명체의 역사에 큰 변혁을 가져왔어요.

**1** 어린 시절, 메리와 오빠 조지프는 아버지를 도와 암모나이트와 벨렘나이트 껍데기 화석을 수집했어요. 메리의 가족은 이런 '신기한 물건들'을 수집가에게 팔아 생계를 유지했는데, 이것이 무엇인지는 아무도 제대로 알지 못했어요.

**2** 1811년 메리가 열두 살이 되었을 때, 조지프는 전에 보던 것과는 모양이 전혀 다른 두개골 화석을 발견했어요. 그 후 메리가 정성을 들여 5미터 길이의 나머지 화석 골격을 발견하였어요. 기이한 동물인 이크티오사우루스의 완벽한 화석을 최초로 발굴한 것이었지요.

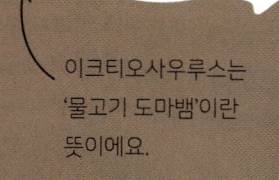

이크티오사우루스는 '물고기 도마뱀'이란 뜻이에요.

← 벨렘나이트

← 암모나이트

**3** 1823년 메리는 다시 한번 최초로 완벽한 형태의 플레시오사우루스 전체 화석을 발굴했어요. 시간이 지나고, 그 지역에서 발견된 화석의 양이 많아지자 채집꾼들과 과학자들은 이곳을 '쥐라기 해안'이라고 불렀어요.

플레시오사우루스는 '파충류에 가까운'이란 뜻이에요.

## 과학 이해하기
### 과거의 층들

애닝의 업적은 우리가 고생물에 대하여 이해하는 데 도움이 되었고, 고생물을 분류하고 연대를 추정하는 방법에 크게 기여했어요. 우리는 이제 더 깊은 암석에서 발견된 화석일수록 연대가 더 오래되었다는 것을 알고 있어요. 아래 그림은 지구의 지질 연대를 백만 년 단위로 나타낸 것이에요.

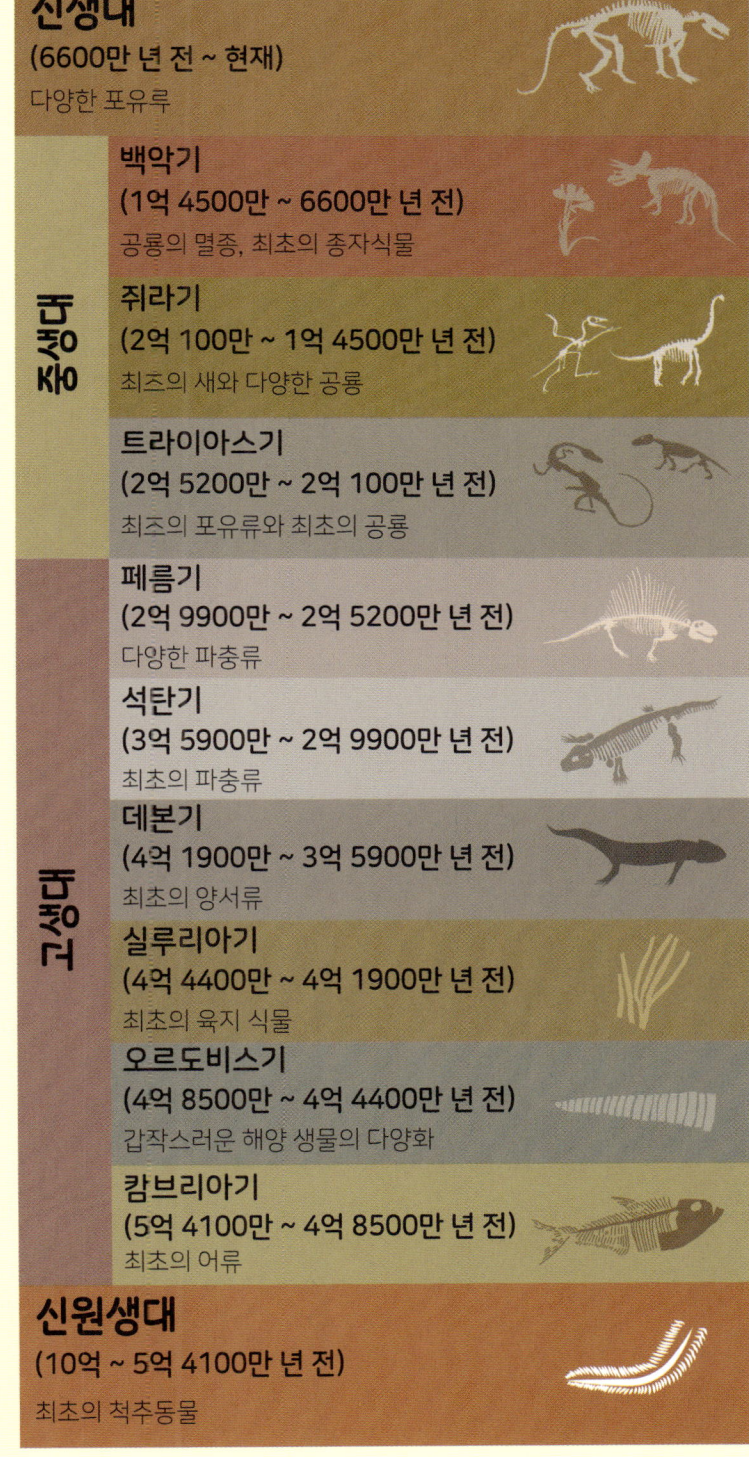

**신생대**
(6600만 년 전 ~ 현재)
다양한 포유류

**중생대**

백악기
(1억 4500만 ~ 6600만 년 전)
공룡의 멸종, 최초의 종자식물

쥐라기
(2억 100만 ~ 1억 4500만 년 전)
최초의 새와 다양한 공룡

트라이아스기
(2억 5200만 ~ 2억 100만 년 전)
최초의 포유류와 최초의 공룡

**고생대**

페름기
(2억 9900만 ~ 2억 5200만 년 전)
다양한 파충류

석탄기
(3억 5900만 ~ 2억 9900만 년 전)
최초의 파충류

데본기
(4억 1900만 ~ 3억 5900만 년 전)
최초의 양서류

실루리아기
(4억 4400만 ~ 4억 1900만 년 전)
최초의 육지 식물

오르도비스기
(4억 8500만 ~ 4억 4400만 년 전)
갑작스러운 해양 생물의 다양화

캄브리아기
(5억 4100만 ~ 4억 8500만 년 전)
최초의 어류

**신원생대**
(10억 ~ 5억 4100만 년 전)
최초의 척추동물

# 화석은 어떻게 생겨난 건가요?

모든 생물이 다 죽어서 화석이 되는 건 아니에요. 화석이 되는 경우는 실제로는 매우 드물며, 그 과정도 아주 오래 걸려요. 암석에 흔적이 찍히기 위해서는 모든 조건들이 딱 맞아야 하고, 수백만 년이 지난 후에 발견되어 조심스럽게 발굴되어야 해요.

화석은 퇴적암에서만 발견돼요.

동물의 뼈와 이빨은 모두 남아 있어요.

동물이 죽어요.

**1** 동물이 죽자마자 모래나 진흙 같은 것에 빠르게 묻혀야 해요. 그래야 사체가 부패하는 속도가 느려져서 화석이 생길 수 있어요.

**2** 동물의 피부나 근육같이 부드러운 조직은 점점 부패하고, 작은 돌조각이나 침전물 같은 퇴적물에 덮인 뼈만 남아요. 시간이 지나고 암석 조각들이 쌓이면서 퇴적암으로 굳어져요.

### 현실 속 과학

**공룡의 깃털**

과학자들은 모든 공룡의 몸이 악어나 도마뱀처럼 비늘로 뒤덮여 있었을 것이라고 생각했어요. 그러나 깃털이 달린 공룡도 있었다는 것이 밝혀졌어요. 2016년에 발견된 이 화석에서처럼, 공룡 깃털이 화석이 된 나무의 송진, 즉 '호박' 안에 보존된 채로 발견되었어요.

### 이거 알아요?

**똥 화석!**

모든 화석이 다 공룡 화석이나 동물 화석인 것은 아니에요. 식물, 알, 또는 발자국들도 화석이 될 수 있어요. 과학자들은 심지어 똥 화석도 발견했는데, 이것을 '분석' 또는 '코프롤라이트'라고 불러요.

뼈가 화석으로 돼요.

화석이 부서지지 않게 매우 조심스럽게 발굴해요.

**3** 암석에 있던 물이 뼈에 스며들면서 결국 뼈를 용해해요. 물이 다 빠져나가고 난 뒤에는 암석에 뼈 모양이 새겨진 광물이 남아요.

**4** 오랜 시간에 걸쳐 암석과 토양의 일부가 침식되어 깎여 나가고, 깊이 파묻혀 있던 오래된 지층이 위로 올라오는 융기가 일어나요. 이로 인해 일부 화석이 지표면 근처로 이동하여 고생물학자에게 발견될 수 있어요.

## 지속적인 영향

메리 애닝과 고생물학자들이 발견한 화석들은 지구 역사에 관한 우리의 생각을 완전히 바꿔 놓았어요. 화석은 시간을 되돌려 수백만 년 전, 인간이 존재하기 전의 시간을 볼 수 있게 해 주어요. 놀라운 고대 화석들은 진화론의 결정적인 증거를 제공하고, 사람들에게 우리 행성 지구의 역사를 배우고 싶은 흥미를 북돋우며, 과학자들에게는 고대 지구에 살던 더 많은 생명체에 관한 연구에 박차를 가하도록 하지요.

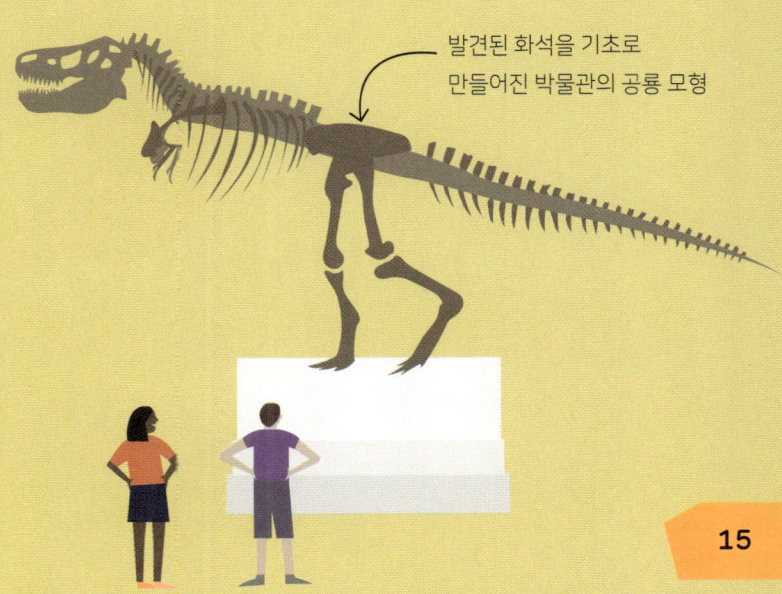

발견된 화석을 기초로 만들어진 박물관의 공룡 모형

# 바이러스를 막는 법

사람들은 오랫동안, 해로운 미생물에 의해 전염된 질병으로 인구의 절반 가까이 목숨을 잃었어요. 호흡을 통해 전파되는 바이러스로 전염되는 천연두는 가장 무서운 질병 중 하나였어요. 수백만 명이 천연두로 죽거나 시력을 잃었지요. 1796년 영국의 의사가 안전하게 천연두를 예방할 수 있는 방법을 찾아냈어요. 바로 백신이에요. 1980년에 천연두는 완전히 사라졌어요.

**1** 약 500년 전 중국 사람들은 천연두를 약하게 앓고 나면 그 후 천연두에 걸리지 않는다는 것을 깨달았어요. 그래서 의사들은 천연두 환자의 딱지를 사람들의 코에 불어 넣어 감염을 시켰지요. 효과를 본 사람들도 있지만 대부분의 사람들이 천연두에 걸려 죽었어요.

**2** 1700년대에 이르자, 유럽의 의사들은 조금은 덜 위험한 천연두 예방법을 발견했어요. 천연두 환자의 딱지를 피부의 상처에 묻혀 감염시키는 방법이었어요. 러시아의 황제 예카테리나 2세도 이 처치법으로 2주 정도 약하게 앓고 나자, 예방 효과가 있었어요.

천연두 환자의 고름과 딱지를 상처 난 부위에 발라요.

**3** 1700년대 후반, 영국의 의사 에드워드 제너는 우유를 짜는 여성들이 천연두에 걸리지 않는다는 것을 알았어요. 제너는 아마도 그 여성들이 소한테서 우두(천연두와 비슷하지만 위험하지 않은 소의 바이러스성 질병)에 옮았기 때문이라고 생각했어요.

우두 물집

우두에 걸려 물집이 생겨남.

**4** 1796년, 제너는 우두에 걸린 여성의 수포에서 고름을 짜내어 한 소년의 상처 난 팔에 문질렀어요. 그다음에 제너가 그 소년에게 천연두 바이러스를 주사했지만, 소년은 병에 걸리지 않았어요. 면역이 생긴 거예요. 이 처치법을 '백신(vaccine)'이라고 하는데, 라틴어로 '소'를 뜻하는 배카(vacca)에서 왔어요.

제너 박사가 여덟 살 난 소년 제임스 핍스의 팔에 우두균을 문질렀어요.

## 과학 이해하기
## 바이러스가 몸에 침투하는 원리

바이러스는 매우 작은 미생물로 흔한 감기나 수두에서부터 광견병이나 코로나바이러스 감염증에 이르기까지 다양한 종류의 질병을 일으켜요. 바이러스는 우리 세포에 달라붙어 자신의 복제물을 재생산해요.

침투한 감기 바이러스

바이러스는 사람의 몸속에 침투한 후 바이러스 표면에 있는 '항원'이라는 분자를 사용하여 달라붙기 좋은 세포를 찾아내요.

사람의 목구멍 세포

항원

바이러스가 자신의 유전자를 디엔에이(DNA)나 알엔에이(RNA) 분자 형태로 세포 안에 방출해요.

바이러스의 유전자

새로 만들어진 바이러스 유전자

바이러스 유전자가 세포를 장악하고, 바이러스의 항원과 유전자 복제물을 생산하도록 만들어요.

새로 만들어진 항원

세포가 터져요.

이 복제물들이 조립되어 수백 개의 바이러스 복제물이 생겨나요. 바이러스가 가득 차면 세포가 터지면서 세포는 파괴되고, 복제된 바이러스들은 새로운 세포에 침투해요.

복제된 바이러스들

# 백신이 세균을 물리치는 원리

백신은 우리 몸의 면역 체계를 활성화시키는 역할을 해요. 우리 몸의 면역 체계는 끊임없이 새로운 세균을 찾아서 '항체'라는 화학 물질로 공격해요. 이때, 면역 체계는 침입했던 병균을 기억하는 '기억 세포'를 생산해 내지요. 만약 또다시 같은 병균에 노출되면, 기억 세포들이 병균을 공격해서 우리 몸이 병에 걸리기 전에 파괴해요. 이렇게 되면 '면역이 되었다'고 말해요.

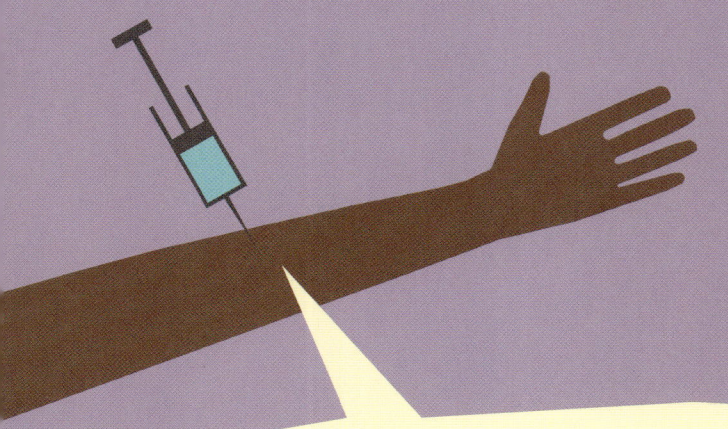

**1** 대부분의 백신은 변형시킨 세균 표면에 항원 분자를 주입하는 방식으로 만들어요. 우리 몸에 백신이나 병균이 들어오면 백혈구가 항체 분자로 항원을 가두려고 해요. 백혈구는 수천 가지 종류의 항체를 시도하여, 결국은 맞는 짝을 찾아요.

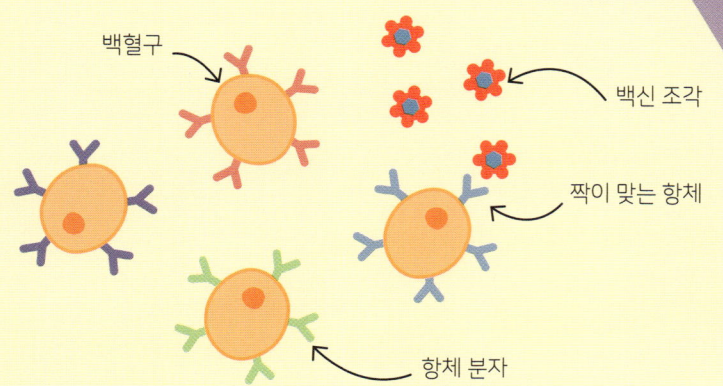

- 백혈구
- 백신 조각
- 짝이 맞는 항체
- 항체 분자

**2** 짝이 맞은 백혈구는 새로운 백혈구 세포 수백만 개로 나뉘는데, 모두 짝이 맞는 항체 분자를 지니고 있어요. 이 새로운 백혈구들은 엄청난 양의 항체를 방출해요. 항체는 몸 안을 떠돌다 병균에 붙어요. 항체가 병균에 붙은 채 신호를 보내면 포식 세포가 세균을 집어삼켜 죽이지요.

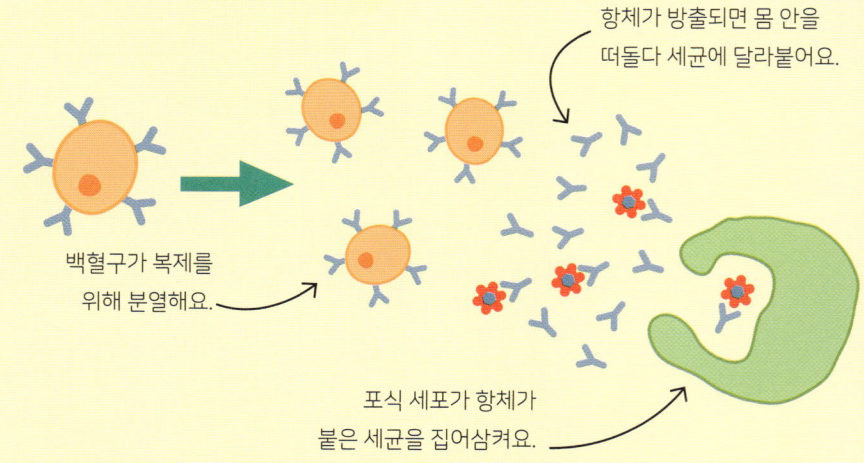

- 항체가 방출되면 몸 안을 떠돌다 세균에 달라붙어요.
- 백혈구가 복제를 위해 분열해요.
- 포식 세포가 항체가 붙은 세균을 집어삼켜요.

**3** 세균을 물리치는 데 성공한 백혈구는 기억 세포를 만들어요. 기억 세포는 세균이 다시 침투하면 빠르게 공격할 준비를 하며 몸 안에 수년 동안 남아 있어요. 기억 세포로 몸에 면역력이 생겼어요.

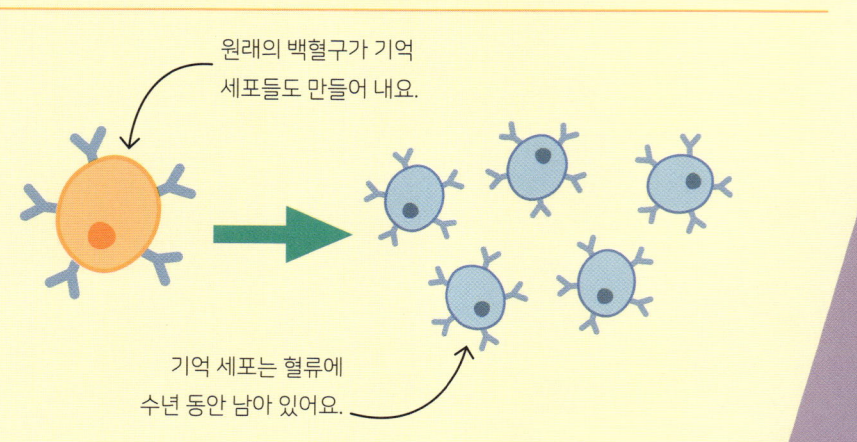

- 원래의 백혈구가 기억 세포들도 만들어 내요.
- 기억 세포는 혈류에 수년 동안 남아 있어요.

## 이거 알아요?

### 바이러스 변이

독감과 같은 바이러스는 돌연변이를 통해 유전자를 바꾸며 빠르게 진화해요. 돌연변이가 바이러스 항원의 모양을 바꾸면, 사람 몸 안의 항체는 더 이상 바이러스를 인식하지 못해요. 이 말은 더 이상 면역이 있지 않다는 뜻이에요. 그렇기 때문에 사람들이 매년 독감에 걸리기도 하는 거지요.

## 현실 속 과학

### 코로나19 팬데믹

2019년 12월, 세계 보건 기구(WHO)는 치명적인 새로운 감염 질환이 발생한 것을 알게 되었어요. 코로나바이러스 감염증-19(코로나19)는 전 세계를 휩쓸며 수백만 명의 목숨을 앗아 갔어요. 그로부터 딜 년 후, 과학자들은 코로나19를 막을 수 있는 효과적인 백신을 최소 세 종류 이상 개발했어요. 그렇지만 코로나바이러스는 변이 때문에 아마도 완전히 사라지지는 않을 거예요.

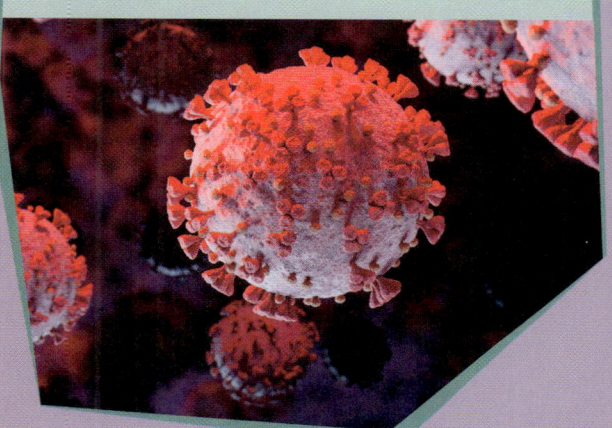

## 백신이 왜 중요한가요?

벅신은 매년 수백만 명의 생명을 구하고 있어요. 홍역 백신만 하더라도 2000년부터 2016년까지 전 세계에서 약 2000만 명에 이르는 어린이들의 목숨을 구한 것으로 추정돼요. 비록 백신으로 완전히 없어진 질병은 몇 안 되지만, 한때는 유행했던 많은 질병들이 디제는 매우 드물어졌어요.

**1910년에 발생한 미국 질병 건수**

- 홍역 530,217건
- 천연두 29,005건
- 소아마비 16,316건
- 볼거리 162,344건
- 풍진 47,745건

**2010년에 발생한 미국 질병 건수**

- 천연두 0건
- 홍역 61건
- 풍진 6건
- 볼거리 2,528건
- 소아마비 0건

**1** 수천 년 동안 사람들은 유전자에 대해 알지 못한 채, 동물이나 식물을 선택적으로 키움으로써 유전에 영향을 미쳐 왔어요. 동식물들은 유용한 형질은 다음 세대로 물려주고, 좋지 않은 형질은 넘겨주지 않았지요.

**2** 1850년대에 그레고어 멘델은 형질이 어떻게 전달되는지를 연구했어요. 멘델은 자신이 있던 수도원의 정원에서 완두콩으로 실험했어요. 완두콩을 실험 작물로 고른 이유는 빨리 자라고, 많은 씨를 만들며, 완전히 다른 종류의 형질이 있고, 단순하고 통제된 환경에서 번식할 수 있고, 완두콩의 특징이 어떻게 전달되는지를 알아내기 쉬웠기 때문이에요.

야생의 늑대는 많은 세대를 거쳐 선택적으로 키워짐으로써 현재의 온순한 개가 되었어요.

멘델이 수술에 있는 꽃가루를 다른 꽃의 암술에 비벼서 식물을 수정시켰어요.

# 누구를 닮았을지 예측하는 법

가족들이 서로 닮은 이유는 바로 유전자 때문이에요. 유전자는 부모님으로부터 물려받은 형질이에요. 형질이 한 세대에서 다음 세대로 어떻게 전달되는지 연구하는 학문을 '유전학'이라고 해요. 유전학은 예전부터 있었지만, 유전이 어떻게 일어나는지 알게 된 것은 체코 태생의 수도사가 했던 실험 덕분이었어요.

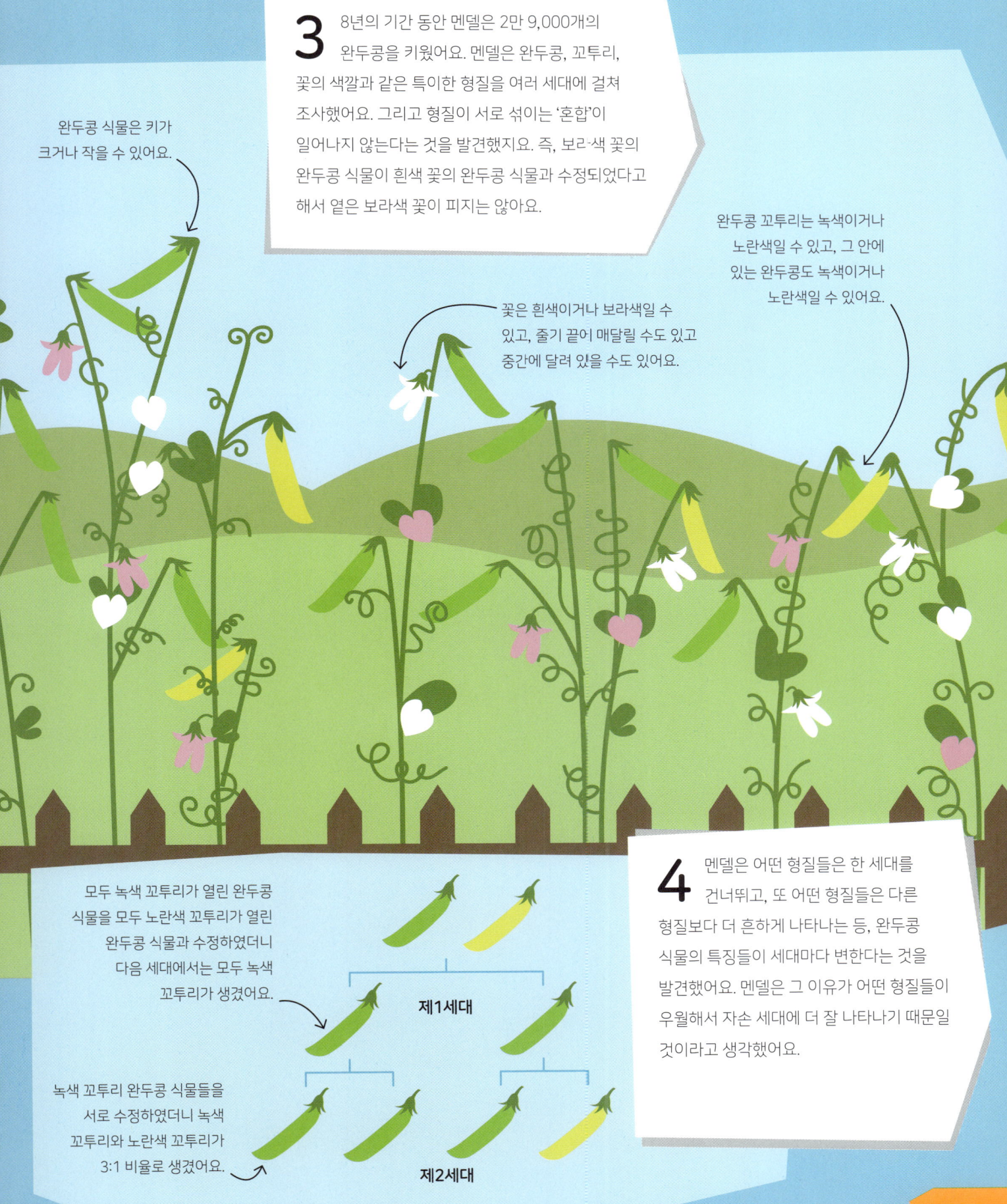

**3** 8년의 기간 동안 멘델은 2만 9,000개의 완두콩을 키웠어요. 멘델은 완두콩, 꼬투리, 꽃의 색깔과 같은 특이한 형질을 여러 세대에 걸쳐 조사했어요. 그리고 형질이 서로 섞이는 '혼합'이 일어나지 않는다는 것을 발견했지요. 즉, 보라색 꽃의 완두콩 식물이 흰색 꽃의 완두콩 식물과 수정되었다고 해서 옅은 보라색 꽃이 피지는 않아요.

완두콩 식물은 키가 크거나 작을 수 있어요.

꽃은 흰색이거나 보라색일 수 있고, 줄기 끝에 매달릴 수도 있고 중간에 달려 있을 수도 있어요.

완두콩 꼬투리는 녹색이거나 노란색일 수 있고, 그 안에 있는 완두콩도 녹색이거나 노란색일 수 있어요.

모두 녹색 꼬투리가 열린 완두콩 식물을 모두 노란색 꼬투리가 열린 완두콩 식물과 수정하였더니 다음 세대에서는 모두 녹색 꼬투리가 생겼어요.

녹색 꼬투리 완두콩 식물들을 서로 수정하였더니 녹색 꼬투리와 노란색 꼬투리가 3:1 비율로 생겼어요.

제1세대

제2세대

**4** 멘델은 어떤 형질들은 한 세대를 건너뛰고, 또 어떤 형질들은 다른 형질보다 더 흔하게 나타나는 등, 완두콩 식물의 특징들이 세대마다 변한다는 것을 발견했어요. 멘델은 그 이유가 어떤 형질들이 우월해서 자손 세대에 더 잘 나타나기 때문일 것이라고 생각했어요.

# 유전자가 전달되는 원리

멘델은 각각의 부모가 각 형질당 한 쌍의 인자를 가지고, 부모 한쪽이 그중 한 인자를 자손에게 물려준다고 생각했어요. 예를 들어, 녹색 꼬투리처럼 형질의 어떤 인자들은 우월하고, 노란색 꼬투리처럼 어떤 인자들은 열등했어요. 우리는 이러한 형질을 '유전자'라고 하고, 각 형질의 서로 다른 인자를 '대립 형질'이라고 해요.

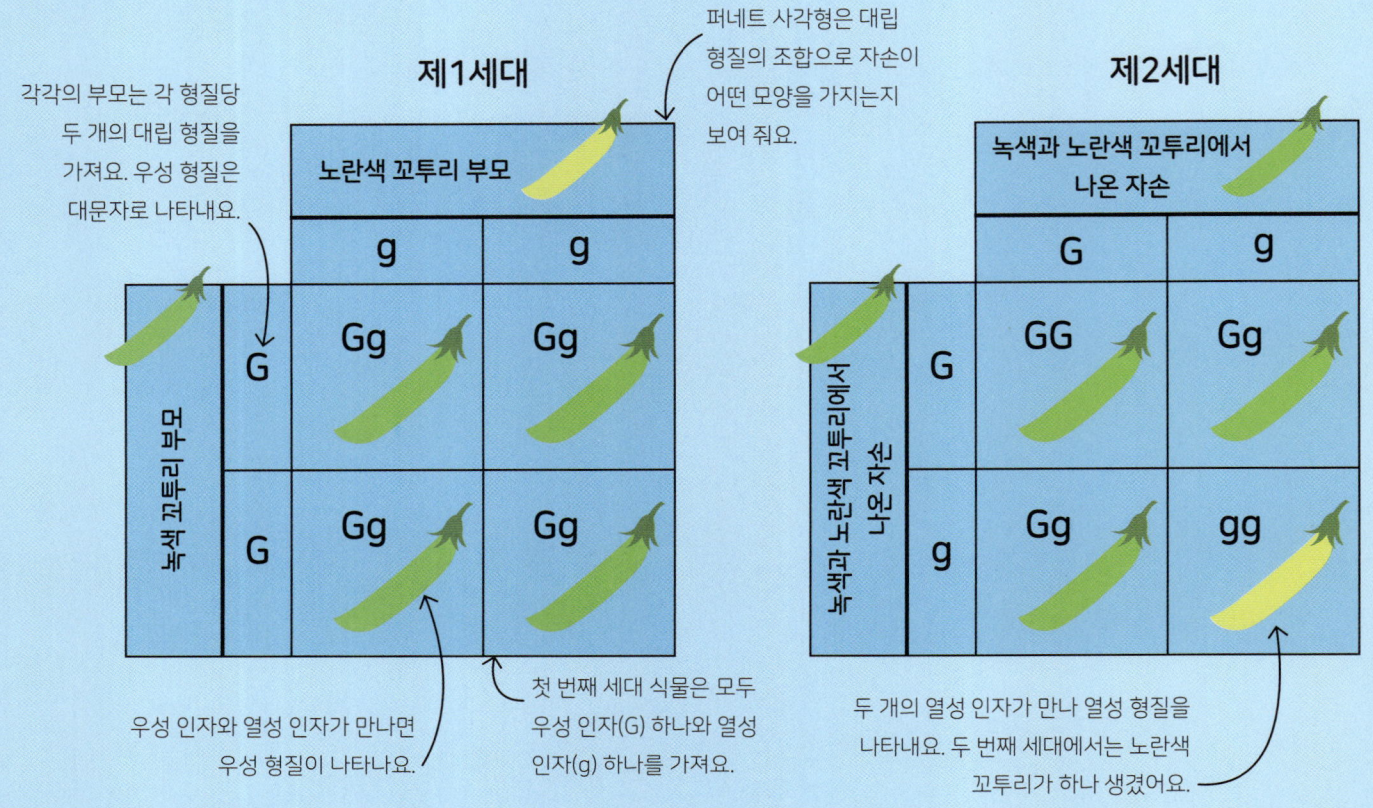

각각의 부모는 각 형질당 두 개의 대립 형질을 가져요. 우성 형질은 대문자로 나타내요.

퍼네트 사각형은 대립 형질의 조합으로 자손이 어떤 모양을 가지는지 보여 줘요.

우성 인자와 열성 인자가 만나면 우성 형질이 나타나요.

첫 번째 세대 식물은 모두 우성 인자(G) 하나와 열성 인자(g) 하나를 가져요.

두 개의 열성 인자가 만나 열성 형질을 나타내요. 두 번째 세대에서는 노란색 꼬투리가 하나 생겼어요.

# 선택하기

최근에는 이러한 유전자에 관한 지식으로 우리가 원하는 형질의 품종을 선택적으로 키울 수 있어요. 교배업자는 원하는 형질을 가진 두 부모를 선택해요. 예를 들어, 품종 개량으로 더 많은 양털이 나는 양을 키우거나 더 많은 농작물을 재배할 수 있어요. 또는 품종 개량을 통해 동물이나 식물이 질병이나 병충해에 더 잘 견디게도 할 수 있어요. 이런 품종 개량은 모두 식량을 얼마나 많이 생산할 수 있는지에 영향을 미쳐요.

식물과 동물이 질병을 잘 견뎌 내면 식량 생산이 늘어요.

품종 개량을 통해 가축의 크기가 커지면 고기의 양이 많아져요.

밀과 같은 농작물이 품종 개량을 통해 몸에 더 좋고, 맛있고, 양도 많아졌어요.

# 닮은 점과 다른 점

사람의 유전학은 복잡해서 완두콩 식물에서처럼 간단하게 예측할 수 없어요. 왜냐하면 우리의 특징들 하나하나는 주로 여러 개의 유전자로 결정이 되고, 앞에서 본 것처럼 어떤 형질은 세대를 건너뛰어 다음 세대에서 나타나기도 하기 때문이에요. 어떤 형질이 나타날지 예측하는 가장 좋은 방법은 부모의 형질이 무엇이냐에 따라 대략 가늠하는 거예요. 아래의 눈 색깔처럼요.

## 현실 속 과학

### 유전자 지문법

사람의 유전자는 각각 다르기 때문에 마치 지문처럼 누구인지 식별하는 데 사용될 수 있어요. 경찰은 유전학을 이용하여 범죄 현장에 남겨진 머리카락이나 침을 분석해서 범인이 누구인지 밝혀내요.

| 부 | 모 | 자식의 눈 색이 나타날 확률 | | |
|---|---|---|---|---|
| 갈색 | + 갈색 | = 75% | 18.75% | 6.25% |
| 초록색 | + 갈색 | = 50% | 37.5% | 12.5% |
| 파란색 | + 갈색 | = 50% | 0% | 50% |
| 초록색 | + 초록색 | = <1% | 75% | 25% |
| 초록색 | + 파란색 | = 0% | 50% | 50% |
| 파란색 | + 파란색 | = 0% | 1% | 99% |

부모 한쪽이 갈색 눈이고 다른 한쪽이 파란색 눈이면 자식들이 갈색 눈이나 파란색 눈을 갖게 될 확률은 반반이에요.

부모의 대립 형질이 자손에게 복사될 때 간혹 실수가 생기기도 하는데, 이로 인해 다른 점이 생겨요. 그래서 어떤 사람들은 부모 어느 쪽도 닮지 않기도 하고, 부모에게는 없던 특이한 형질이 생기기도 하지요. 이러한 다른 점은 다시 고유한 유전 정보가 되어 후에 부모가 되면 자손에게 물려줘요.

딸의 키 유전자는 부모의 유전자와는 확연히 달라요.

# 수많은 생명을 구하는 법

제1차 세계 대전 동안 수백만 명의 병사들이 모두 전투에서 사망한 것은 아니었어요. 많은 병사들이 '박테리아'라는 아주 작은 생물체에 상처가 감염되어 죽었어요. 지난 수천 년 동안 박테리아 때문에 사람들은 아주 작은 상처에도 목숨을 잃기도 했어요. 그러나 우연히 이루어진 발견 덕분에 모든 것이 변했어요!

1   1928년 스코틀랜드의 과학자 알렉산더 플레밍이 연구실을 정리하고 있었어요. 그동안 연구해 오던 낡은 박테리아 배양기 안에 커다란 곰팡이가 핀 것을 보고 버리려던 참이었어요.

2   그런데 배양기 안을 자세히 들여다보던 플레밍은 곰팡이 주변에는 박테리아가 없는 것을 알아차렸어요. 곰팡이가 박테리아를 죽인다는 것을 깨달았지요.

박테리아

박테리아가 없는 구역

곰팡이

**3** 플레밍은 어쩌면 이것이 박테리아와 싸울 무기가 될 수 있겠다고 생각했어요. 그리고 연구 팀을 꾸렸지요. 몇 주 후, 연구 팀은 박테리아를 죽일 수 있는 균류를 확인했고, 플레밍은 이것을 '페니실린'이라고 이름 붙였어요. 박테리아를 죽일 수 있는 항생제를 발견한 것이에요.

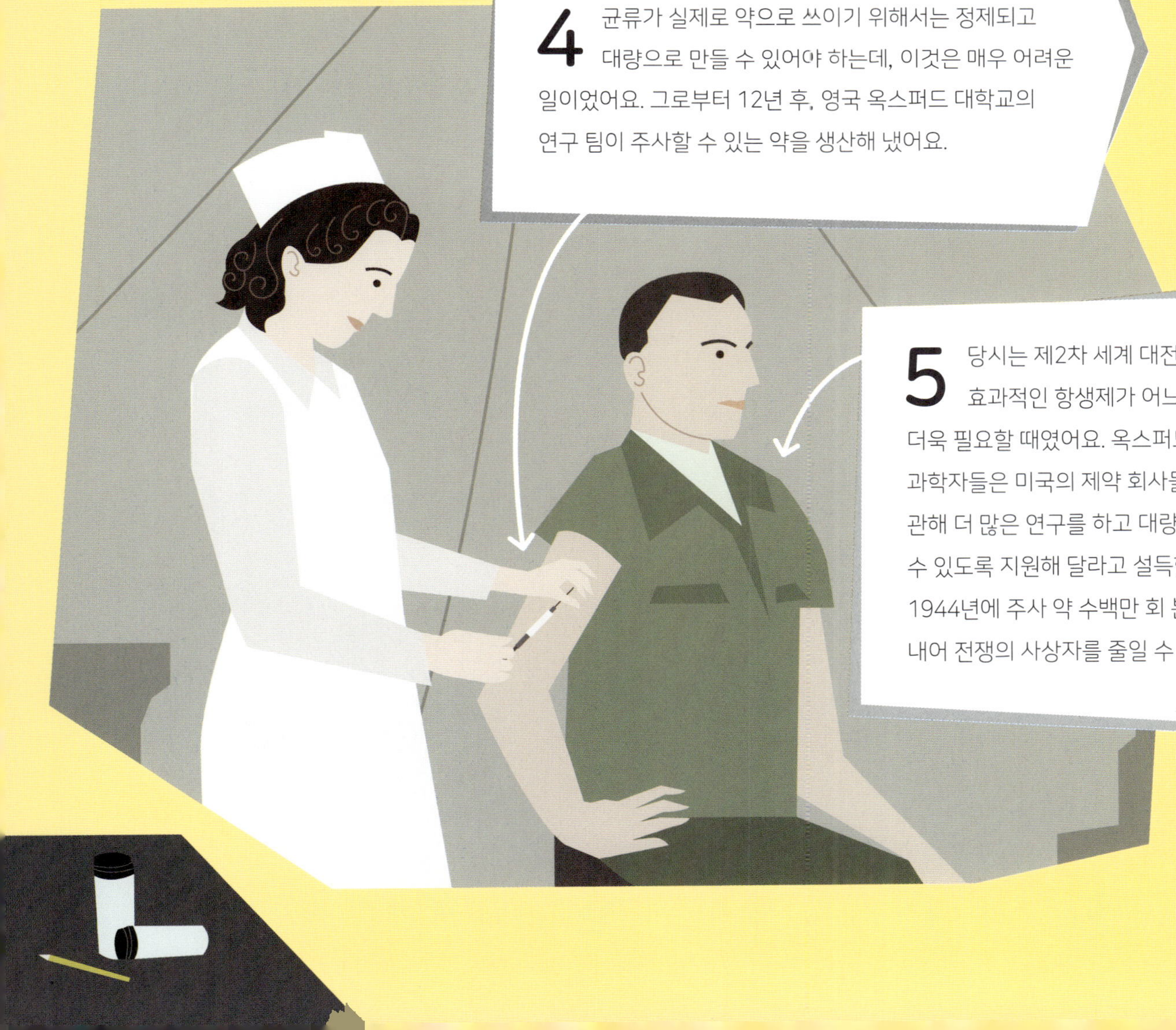

**4** 균류가 실제로 약으로 쓰이기 위해서는 정제되고 대량으로 만들 수 있어야 하는데, 이것은 매우 어려운 일이었어요. 그로부터 12년 후, 영국 옥스퍼드 대학교의 연구 팀이 주사할 수 있는 약을 생산해 냈어요.

**5** 당시는 제2차 세계 대전이 일어나 효과적인 항생제가 어느 때보다 더욱 필요할 때였어요. 옥스퍼드 대학교의 과학자들은 미국의 제약 회사들에 항생제에 관해 더 많은 연구를 하고 대량으로 생산할 수 있도록 지원해 달라고 설득했어요. 결국 1944년에 주사 약 수백만 회 분량을 생산해 내어 전쟁의 사상자를 줄일 수 있었어요.

# 박테리아는 무엇인가요?

박테리아는 작은 단세포 생물로 지구 어디에서나 발견돼요. 흙 한 숟갈에 적어도 1억 개의 박테리아가 있고, 우리 몸 안에는 약 40조 개의 박테리아가 있어요. 음식의 소화를 돕는 장에 있는 박테리아처럼 유용한 것도 있지만, 치명적인 질병을 일으키는 박테리아도 있어요. 박테리아는 그 모양에 따라 크게 세 가지 종류로 나뉘어요.

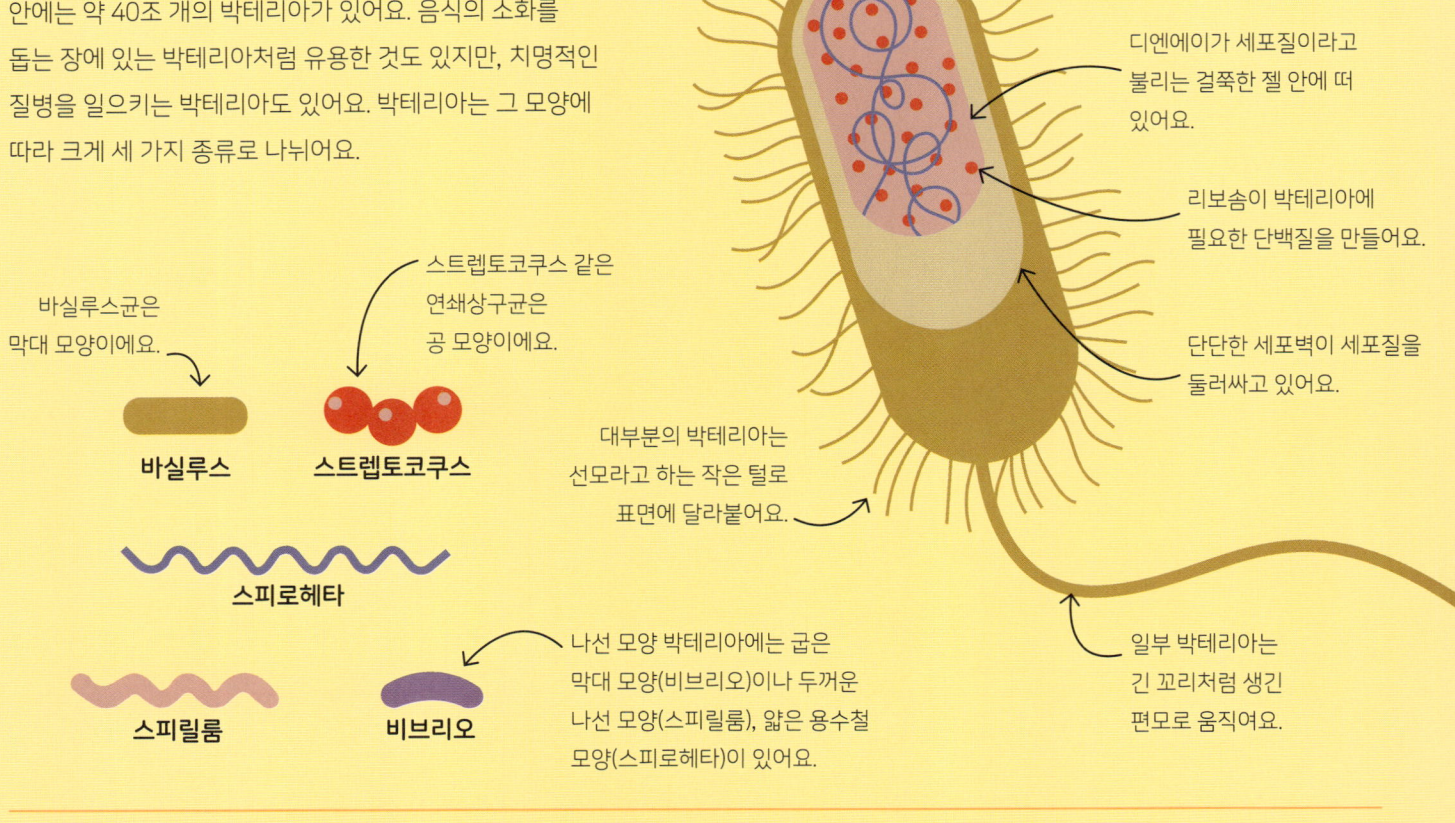

바실루스균은 막대 모양이에요.

바실루스

스트렙토코쿠스 같은 연쇄상구균은 공 모양이에요.

스트렙토코쿠스

스피로헤타

스피릴룸

비브리오

나선 모양 박테리아에는 굽은 막대 모양(비브리오)이나 두꺼운 나선 모양(스피릴룸), 얇은 용수철 모양(스피로헤타)이 있어요.

박테리아가 복제되도록 돕는 유전자가 디엔에이의 꼬인 실타래 모양으로 박테리아 세포 안에 들어있어요.

디엔에이가 세포질이라고 불리는 걸쭉한 젤 안에 떠 있어요.

리보솜이 박테리아에 필요한 단백질을 만들어요.

단단한 세포벽이 세포질을 둘러싸고 있어요.

대부분의 박테리아는 선모라고 하는 작은 털로 표면에 달라붙어요.

일부 박테리아는 긴 꼬리처럼 생긴 편모로 움직여요.

# 페니실린이 박테리아를 물리치는 원리

제2차 세계 대전 이후, 페니실린 항생제는 박테리아성 감염으로 고통받는 수백만 명의 환자들을 치료해 왔어요. 연쇄상구균은 사람과 동물의 목구멍에 사는 박테리아 종류로 보통은 아무 문제를 일으키지 않지만, 사람들의 면역이 떨어지면 균이 폐로 내려가 폐렴과 같이 위험한 염증을 일으킬 수도 있어요.

연쇄상구균이 폐에서 복제되면서 염증을 일으켜요.

폐렴에 걸리면 폐의 작은 공기주머니에 물이 차서 숨쉬기가 힘들어요.

항생제가 박테리아와 싸워 박테리아의 단단한 세포벽을 약화시켜요. 결국 세포벽이 터지면서 박테리아가 죽어요.

# 슈퍼버그

항생제가 수백만 명의 생명을 구해 왔지만, 과학자들은 곧 문제를 발견했어요. 우리가 항생제로 싸우는 박테리아는 유전자에서 일어나는 돌연변이 때문에 끊임없이 변화해요. 어떤 변이는 박테리아가 항생제를 견뎌 내는 내성이 생기게 하는데, 항생제를 많이 쓰면 쓸수록 내성도 점점 더 강해져요. 이렇게 강한 내성을 가진 위험한 박테리아를 '슈퍼버그'라고 해요.

## 현실 속 과학

### 지독한 박테리아

박테리아는 정말 강해서 극한의 추위나 방사선이 있는 우주에서도 살아남을 수 있어요. 과학자들이 '데이노콕쿠스 라디오두란스'라는 박테리아를 우주에 있는 국제 우주 정거장 밖에 놓아두었는데, 3년을 살아 있었어요. 즉, 어떤 생명체는 지구 밖의 환경에서도 살아남을 수 있다는 뜻이에요.

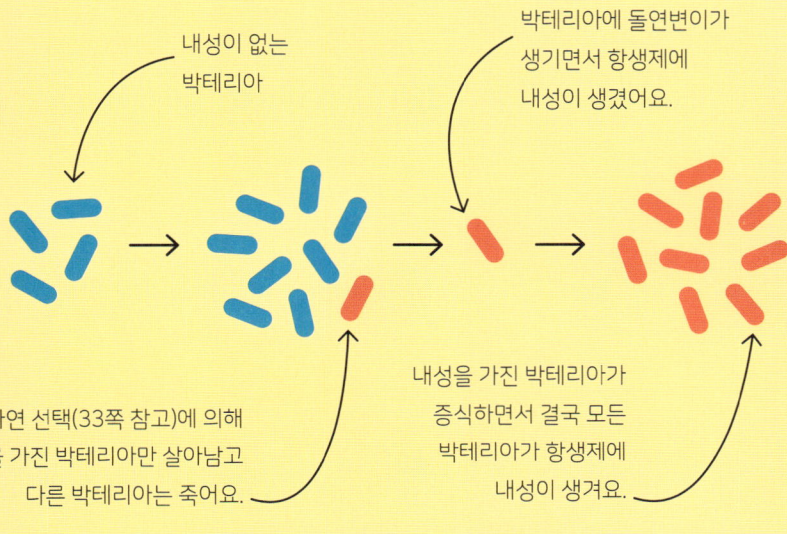

내성이 없는 박테리아

박테리아에 돌연변이가 생기면서 항생제에 내성이 생겼어요.

자연 선택(33쪽 참고)에 의해 내성을 가진 박테리아만 살아남고 다른 박테리아는 죽어요.

내성을 가진 박테리아가 증식하면서 결국 모든 박테리아가 항생제에 내성이 생겨요.

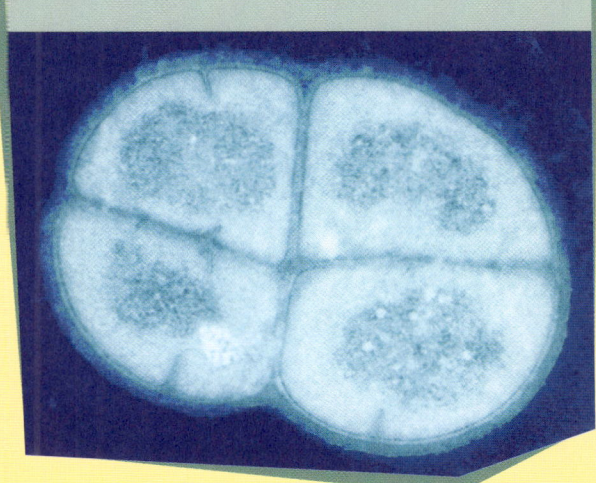

# 야광

박테리아를 이용하여 스스로 빛을 내는 생물도 있는데, 이를 '생체 발광'이라고 해요. 짧은 꼬리 오징어는 몸 표면의 작은 주머니에 빛 기관이 있어서, 여기에 있는 발광 박테리아 비브리오 피쉐리를 이용해 밤에 자신을 보호해요. 이 박테리아가 내는 빛은 마치 물에 반짝이는 달빛과 비슷해서 오징어가 주변 환경과 섞여 포식자의 눈에 띄지 않게 하지요.

오징어가 헤엄칠 때 발광 박테리아가 오징어 아래쪽에서 빛을 내요.

아래에 있는 포식자에게는 오징어의 윤곽이 빛에 가려 잘 보이지 않아요.

# 음식을 신선하게 보관하는 법

1860년대 전에는 우유를 며칠 이상 보관하기 어려웠어요. 사람들은 신선한 우유를 매일 사야만 했고, 그날 산 우유를 마시더라도 종종 배탈이 났어요. 우유는 매우 빨리 상했어요. 하지만 우유가 왜 이렇게 빨리 상하는지, 어떻게 하면 상하지 않을지 아무도 알 수 없었어요. 그러던 중, 프랑스의 생물학자 루이 파스퇴르가 우유를 더 오래 안전하게 보관할 수 있는 획기적인 방법을 알아냈어요.

**1** 루이 파스퇴르가 음료, 특히 우유가 왜 상하는지 연구를 시작했어요. 많은 사람들은 우유는 그냥 상하기 마련이고 배탈이 나는 것도 어쩔 수 없다고 생각했어요.

**2** 파스퇴르는 우유에 보통 있는 작은 세균(미생물)들이 우유를 상하게 하고, 사람들을 아프게 만든다는 것을 깨달았어요.

**3** 파스퇴르는 세균을 죽일 방법들을 시험하기 시작했어요. 곧, 파스퇴르는 우유를 끓였다가 빠르게 식히면 우유를 전보다 더 오래 보관할 수 있고, 사람들이 마셔도 배탈이 나지 않는다는 것을 발견했어요.

**4** 이 과정을 '저온 살균'이라고 해요. 저온 살균은 큰 성공을 거두었어요. 식품 생산자들은 다른 식품과 음료도 상하지 않게 저온 살균을 하기 시작했어요. 저온 살균법은 현재까지도 전 세계에서 쓰이고 있어요.

## 과학 이해하기
### 저온 살균

저온 살균을 하면 우유를 오랫동안 신선하게 보관할 수 있어요. 저온 살균이란 우유를 높은 온도로 가열했다가 빠르게 식힌 다음, 미생물을 완전히 없애 멸균된 병이나 종이팩에 넣고 밀봉하는 것을 말해요.

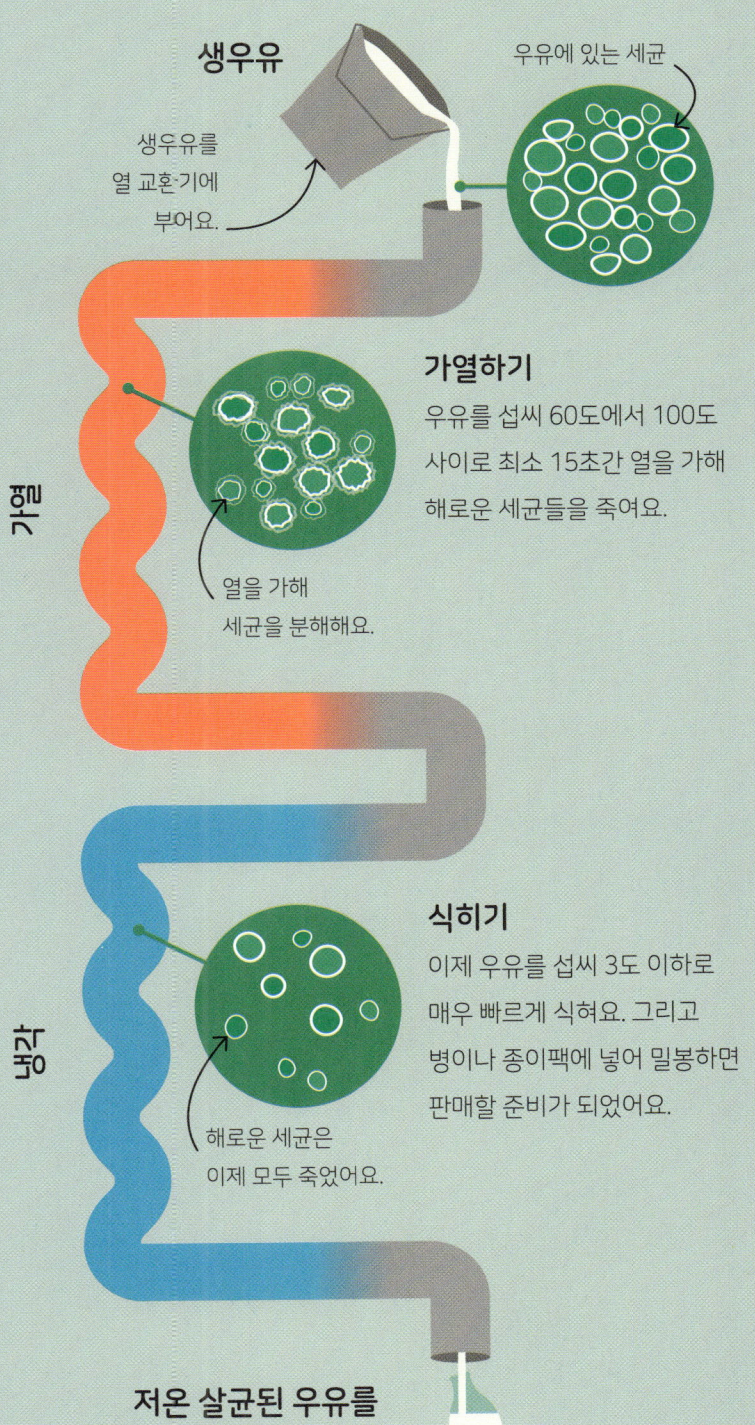

**생우유**
생우유를 열 교환기에 부어요.

우유에 있는 세균

**가열**

**가열하기**
우유를 섭씨 60도에서 100도 사이로 최소 15초간 열을 가해 해로운 세균들을 죽여요.

열을 가해 세균을 분해해요.

**식힘**

**식히기**
이제 우유를 섭씨 3도 이하로 매우 빠르게 식혀요. 그리고 병이나 종이팩에 넣어 밀봉하면 판매할 준비가 되었어요.

해로운 세균은 이제 모두 죽었어요.

저온 살균된 우유를 병에 넣어요.

29

## 어떤 식품을 저온 살균할까요?

오늘날 우리가 먹는 많은 식품들을 저온 살균하는데, 목적은 조금씩 달라요. 이제 세계 대부분의 나라에서 소비자에게 판매하는 많은 식품은 필수적으로 저온 살균을 하고 있어요.

해로운 미생물은 꿀에서 살 수 없어요. 저온 살균으로 꿀을 상하게 하는 효모균을 죽여요.

꿀

과일 주스

치즈

우유

식초를 저온 살균하는 이유는 상하지 않게 하기 위해서라기보다는 사용 기간을 몇 년 더 늘리기 위해서예요.

식초

달걀에 묻어올 수 있는 대부분의 박테리아와 질병들을 저온 살균으로 죽여요.

달걀

크림

## 한번 해 볼까요?
### pH 지수

pH(수소 이온 농도) 지수는 용액이 얼마나 산성인지 염기성인지를 나타내는 측정값이에요. pH 지수가 1~6이면 산성을, pH 지수가 8~14이면 염기성을 나타내요. 이 실험에서 우유의 pH 값이 시간이 지나면서 어떻게 변하는지 알아볼 거예요. 준비물로 pH 값을 재는 리트머스 종이와 우유가 필요해요.

리트머스 종이는 짧은 종이 조각들의 묶음으로 되어 있어요.

소량의 우유를 접시나 용기에 담아요.

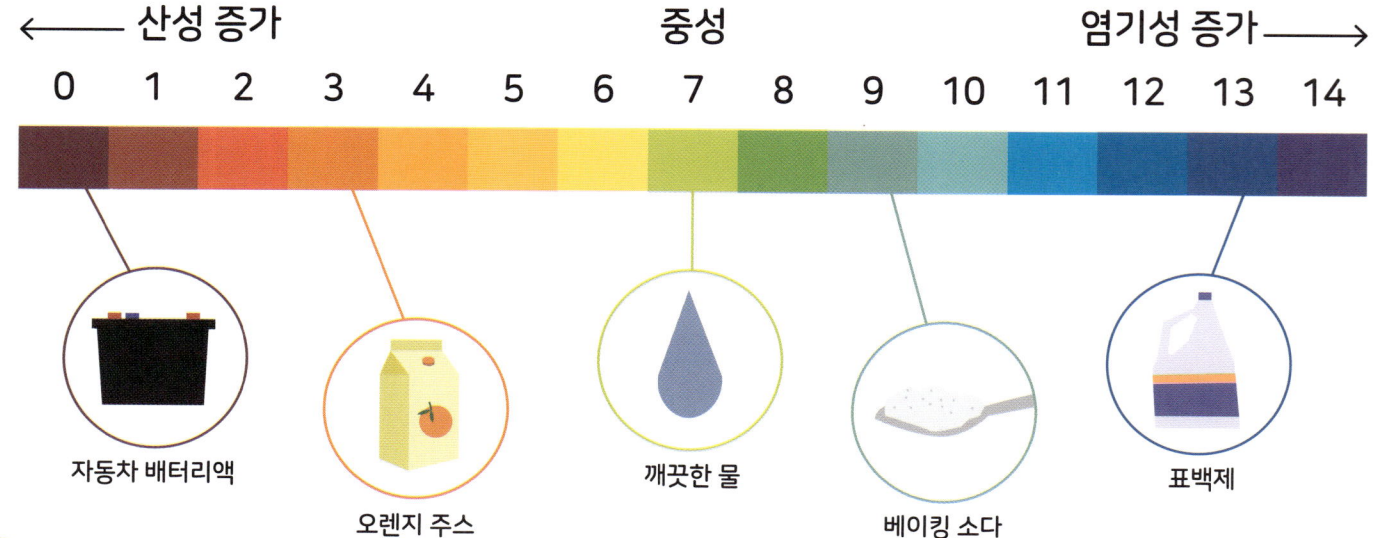

← 산성 증가    중성    염기성 증가 →

0  1  2  3  4  5  6  7  8  9  10  11  12  13  14

자동차 배터리액 · 오렌지 주스 · 깨끗한 물 · 베이킹 소다 · 표백제

## 미생물과의 전쟁

지난 수천 년 동안 사람들은 음식을 보존하기 위해 건조, 절임, 발효, 냉각 등 다양한 방법을 사용했어요. 현대에는 통조림, 냉동, 특별한 화학물 첨가, 또는 첨단 포장 재질 사용 등과 같이 훨씬 더 다양한 방법을 사용해요. 이 방법들은 모두 해로운 미생물을 죽이거나 번식을 늦추고, 우리가 음식을 먹기 전까지 음식이 미생물에 노출되는 것을 막아 줘요.

### 이거 알아요?

**실크 구하기**

누에알을 상하게 하고, 다른 알들에도 전염되는 질병이 두 가지가 있어요. 루이 파스퇴르는 건강한 누에알을 골라내고 누에들 사이에 질병이 퍼지는 것을 막을 방법을 발견했어요. 그 덕분에 프랑스의 실크 섬유 산업을 구할 수 있었고, 그 방법은 곧 전 세계로 널리 퍼졌어요.

리트머스 종이 하나를 우유에 담가 확인하고 결과를 기록해요.

최소 일주일이 지난 (냄새가 나기 때문에 밖에 내놓고 싶어질 거예요) 우유에 새 리트머스 종이를 담가 확인해 봐요.

pH 값이 전보다 낮아진 것을 확인할 수 있어요. 우유가 저온 살균되었더라도 미생물이 아직 조금은 남아 있어요. 시간이 지나면서 그 미생물들이 서서히 증가하고, 우유의 젖당에서 젖산을 만들어 내어 우유가 산성으로 변해요.

### 현실 속 과학

**신선하게 오랫동안 보관하기**

음식을 오랫동안 보관할 수 있게 되면서 사람들이 어디에서 어떻게 사는지에도 변화가 생겼어요. 이제 꼭 먹거리를 생산하는 지역 가까이에서 살 필요는 없으며, 매일 시장에 가지 않아도 돼요. 음식을 준비해서 좀 더 오랫동안 여행을 할 수도 있지요.

# 살아남는 법

수백만 년 전에 지구에 살던 동식물들은 현재의 동식물과 매우 달랐어요. 오랜 시간이 지나면서 동물과 식물은 조금씩 변하고 새로운 종으로 발달하였는데, 이러한 과정을 '진화'라고 해요. 진화의 증거를 찾고, 어떻게 진화가 일어나는지 밝힌 최초의 과학자는 영국의 생물학자 찰스 다윈이었어요.

**1** 다윈은 어릴 때부터 야생 동물에 매료되어 바다 건너 여행을 꿈꿨어요. 1831년 다윈이 스물두 살이 되던 해에, 생물학자로 과학 탐험대에 참여하여 세계를 항해할 것을 권유받았어요. 다윈은 선뜻 그 기회를 받아들였어요.

**2** 다윈은 영국 해군 군함 비글호를 타고 5년 동안 정글, 사막, 화산, 열대의 섬 등을 여행했어요. 다윈은 거대한 거북을 보았고, 바다 이구아나와 다른 신기한 동물들을 보았어요. 다윈은 일기를 쓰며 수천 개의 그림과 메모를 남겼고, 관찰한 내용을 모두 세세하게 기록했어요.

**3** 태평양에 있는 화산섬들인 갈라파고스 제도에서 다윈은 부리가 모두 다르게 생긴 13종의 새로운 핀치* 새를 채집했어요. 나중에 다윈은 이 새들이 어쩌면 아주 오래전에 각 섬에 고립된 같은 조상에서 생겨난 종들은 아닐까 생각했어요.

*참새와 비슷하게 생긴 작은 새.

**4** 집으로 돌아온 다윈의 머릿속에 어떻게 진화가 일어나는가에 관한 생각이 떠오르기 시작했어요. 다윈은 수년에 걸쳐 철저히 검증하고 증거를 모았지만, 자신의 이론이 종교적 믿음에 반하는 것이었기 때문에 이 이론을 알리는 것이 두려웠어요. 결국 다윈이 진화에 대한 생각을 책으로 출판한 것은 쉰 살이 되었을 때였어요. 다윈의 책은 바로 베스트셀러가 되었고, 과학에 혁명을 일으켰어요.

### 과학 이해하기
### 자연 선택

다윈은 대부분 생물이 살아남아서 부모가 되고 번식을 하는 데 필요한 개체수보다 훨씬 많은 자식을 낳는다는 것을 알았어요. 이 자식들은 살아남기 위해 경쟁을 하고, 대부분의 자식들은 경쟁에서 살아남지 못하고 죽어요. 가장 좋은 형질을 가진 개체가 경쟁에서 이길 확률이 가장 높아 자신의 형질을 다음 세대에 전달하지요. 다윈이 깨달은 대로 자연은 끊임없이 안 좋은 것들을 솎아내고 가장 좋은 것만 선택해 온 거예요. 다윈은 이것을 '자연 선택'이라고 불렀어요.

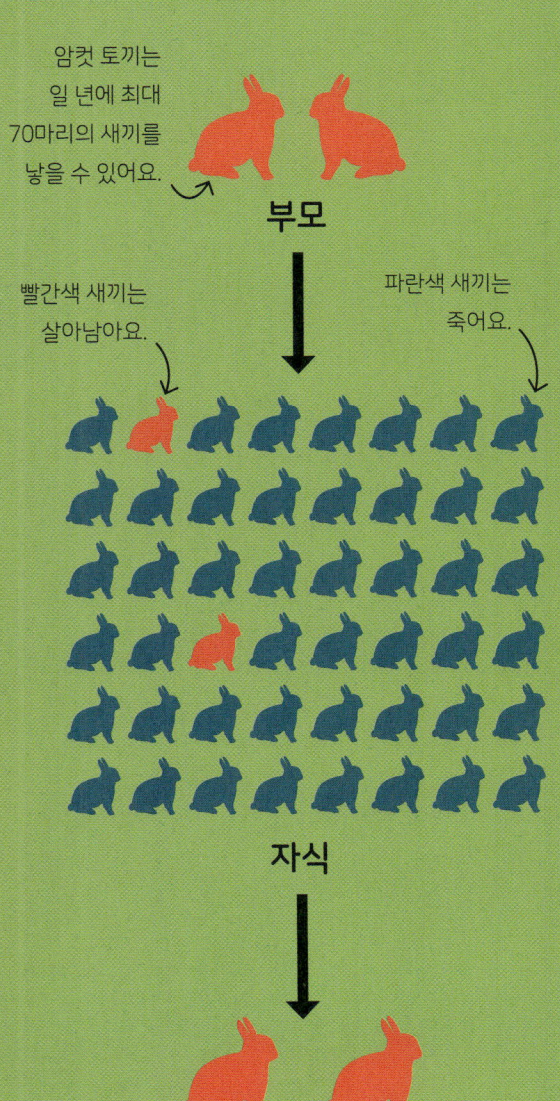

# 다윈의 이론

다윈은 책에서, 진화는 주로 자연 선택에 의해 생물체 종이 환경에 적응하도록 변함으로써 일어난다고 말했어요. 그 대표적인 예가 흰색과 검은색의 회색가지나방이에요. 1800년대 초반, 영국 도시에 살던 회색가지나방은 대부분 흰색이었어요. 나무껍질과 색이 비슷해 위장이 잘 되었지요. 그런데 1800년대 후반이 되자 회색가지나방은 대부분 검은색이 되었어요. 공장에서 나오는 그을음이 나무들을 검게 만들었고, 흰색 나방은 새들 눈에 쉽게 띄었어요. 결국 검은색 나방이 위장이 더 잘 되어 생존 경쟁에서 이길 수 있었고, 종이 바뀌게 된 것이었어요.

# 시간에 따른 적응

다윈은 갈라파고스 제도에서 채집한 핀치들이 남아메리카 근처에 사는 종과 유사하다는 것을 알아차렸어요. 그런데 갈라파고스 제도의 핀치들은 모두 부리가 조금씩 다르게 생겼어요. 각각의 섬에서 자연 선택이 일어나 새들의 부리 모양이 각 지역의 먹이에 맞게 최적화한 것이었어요. 새들의 그 특징은 다음 세대로 전달되었고, 그 과정이 계속 반복되었어요. 시간이 지나면서 각 개체군은 다른 먹이에 적응이 되어 독특한 부리 모양을 갖도록 진화되었어요.

# 새로운 종이 생기는 원리

다윈은 비글호를 타고 먼 섬에 가서 다른 어느 곳에서도 볼 수 없었던 종들을 발견했어요. 다윈은 한 개체군이 고립된 집단으로 나뉘어 더 이상 상호 교배가 되지 않을 때 새로운 종이 생겨난다는 것을 깨달았어요. 시간이 지남에 따라, 각 개체군은 자연 선택에 의해 다르게 변화되어 서로 교배하기 어려울 정도까지 진화되고, 결국은 각기 다른 종이 되어 버려요.

### 이거 알아요?

**인간의 진화**

다윈은 인간도 동물처럼 같은 방법으로 진화를 해 왔고, 아마도 인간의 조상은 유인원일 것이라고 설명했어요. 다윈의 주장은 많은 사람들을 충격에 빠뜨렸어요. 이것은 신이 자신의 모습을 본떠 인간을 창조했다는 기독교적 믿음에 어긋나는 것이었기 때문이에요.

고립된 개체군은 결국 다른 종으로 진화해요.

두 종이 다시 섞이더라도 별개의 종으로 남아요.

**1** 한 다람쥐 개체군이 대륙 전체에 퍼져 있어요. 다람쥐들은 모두 같은 종으로 상호 교배를 할 수 있어요.

**2** 해수면이 높아지면서 산이 섬 두 개로 나누어졌어요. 이제 두 개체군이 각각 다른 방법으로 진화를 시작해요.

**3** 해수면이 낮아지면서 다람쥐들이 서로 섞여요. 그러나 다람쥐들은 이제 서로 너무 달라서 교배를 할 수 없어요. 각기 다른 종이 되었지요.

### 현실 속 과학

**구애 행위**

수컷 새들은 암컷 새들의 환심을 사기 위해 춤을 추고 형형색색의 깃털을 보여 주는 등 구애 행위에 정성을 들여요. 암컷은 그중 가장 멋진 구애 행위를 한 수컷을 고르지요. 세대를 거치면서 이러한 자연 선택으로 인해 수컷은 좀 더 눈에 띄고 더욱 복잡한 춤을 추게 되었어요.

# 뛰어난 생물학자들

고대부터 전 세계의 학자들은 생물체가 어떻게 살아가고 행동하는지 설명하기 위하여 노력했어요. 현미경의 발명과 같은 새로운 기술들을 개발하고, 우리 몸이 어떻게 작용하는지부터 꿀벌이 서로 소통하는 방법까지 모든 것을 궁금해하는 과학자들의 연구 덕분에 우리의 지식도 한층 발전할 수 있었어요.

## 수슈루타

인도의 의사 수슈루타가 엮은 책, 『수슈루타 상히타』는 고대 의학 서적 중 하나로 알려져 있어요. 이 책에는 1,100가지가 넘는 질병과 식물을 사용한 960여 가지의 약제법이 서술되어 있어요. 수슈루타는 또한 선구적인 외과 의사였는데, 이를 뽑거나 백내장(눈의 수정체가 뿌옇게 되는 현상)을 제거하는 것과 같은 수술법을 개발했어요.

기원전 약 1500년경

기원전 6세기

기원전 4세기

## 똥 약

고대 이집트의 의사들은 작은 질병과 부상을 치료하기 위해 온갖 종류의 색다른 해결책을 제시했어요. 그중 똥으로 만든 연고는 널리 사용되던 치료법이었어요. 혐오감이 들긴 하지만, 오늘날 어떤 똥에는 유해한 미생물을 죽일 수 있는 박테리아가 들어 있다는 것이 밝혀졌어요.

## 생물학의 창시자

그리스의 철학자 아리스토텔레스는 최초로 생물체를 분류하려고 시도했어요. 아리스토텔레스는 동물을 온혈 동물과 냉혈 동물로 나누었어요. 또 살아 있는 동물은 관찰하고 죽은 동물은 해부함으로써, 동물들의 장기가 서로 비슷한 점이 있다는 사실을 알아냈어요.

## 현미경 너머의 세상

네덜란드의 한스 얀선과 자하리아스 얀선은 부자지간으로, 두 개의 돋보기를 통 안에 넣어 최초의 복합 현미경(렌즈가 하나 이상인 현미경)을 만들었어요. 이 현미경으로 물체를 아홉 배 더 크게 볼 수 있었어요.

### 이거 알아요?

**이름에 무슨 뜻이?**

현대에 쓰이는 '생물학'이라는 용어는 '살아 있는 것에 관한 연구'라는 뜻이에요. 생물학이라는 말은 영국의 의사 토머스 베도스가 1799년 출판한 의학 서적에서 가장 처음으로 사용한 것으로 알려져 있어요.

## 세포의 발견

영국의 과학자 로버트 훅이 복합 현미경에 얇은 코르크 조각을 놓고 빛을 비추어 최초로 세포를 발견했어요. 각각의 작은 세포는 마치 벽이 있는 작은 방처럼 생겨서 훅은 수도원의 작은 방인 셀룰라(cellula)를 닮았다 하여 셀(cell, 세포)이라고 이름 붙였어요.

**서기 1025년**

**1590년대**

**1665년**

**1735년**

## 의학적 대작

페르시아의 학자 이븐시나(아비센나의 본명)가 쓴 『의학정전』은 역대 최고의 의학 서적 중 하나예요. 이 책은 고대를 통틀어 이슬람 세계에 알려진 모든 의학 지식을 집대성한 것이었어요. 이븐시나가 죽은 후에도 많은 의사들이 수 세기에 걸쳐 이 책을 사용했어요.

## 새로운 시스템

동료 과학자들이 식물 이름을 혼란스럽게 붙여 놓은 것에 실망한 스웨덴의 식물학자이자 동물학자인 칼 린네는 자연의 세계를 체계적으로 분류하는 시스템을 고안했어요. 린네는 모든 생물체를 동물계와 식물계 두 종류의 계로 나누고, 각각을 좀 더 많은 하위 그룹으로 나누었어요. 린네의 분류법은 오늘날까지도 생물 분류의 기준이 되고 있어요.

## 혈액형

오스트리아의 생물학자 카를 란트슈타이너는 왜 수혈을 하면 어떤 혈액은 성공적인데, 어떤 혈액은 환자를 죽게 하는지가 의아했어요. 란트슈타이너는 사람의 혈액은 최소한 세 가지 유형(A형, B형, O형)이 있다는 것을 발견하였고, 그로부터 일 년 후, 네 번째 혈액형(AB형)을 발견했어요. 그리고 수혈에 성공하기 위해서는 환자와 혈액을 주는 사람의 혈액형이 같아야 한다는 것을 알았어요. 이 발견으로 수많은 생명을 구할 수 있었어요.

어떤 사람들은 비타민으로 부족한 영양소를 보충해 줘요.

## 꼭 필요한 비타민

각기병을 연구하던 폴란드의 생화학자 캐시미어 풍크는 각기병뿐 아니라 괴혈병처럼 생명을 위협하는 질병들의 주된 요인이 몸을 건강하게 유지하는 데 필요한 필수 영양소가 식단에서 빠졌기 때문이라는 것을 알게 되었어요. 풍크는 이것을 '바이탈(vital, 필수) 아민*'이라고 불렀고, 오늘날은 줄여서 '비타민'이라고 불러요.

*질소를 포함한 화합물.

1809년　1839년　1901년　1912년

## 세포 이론

우리는 이제 성능이 뛰어난 현미경을 사용하여 많은 생물 표본에서 세포를 관찰할 수 있어요. 독일의 과학자 테오도어 슈반과 마티아스 슐라이덴은 모든 생물은 세포로 이루어져 있고, 세포는 생물을 이루는 가장 기본 단위라는 이론을 정립했어요.

## 이거 알아요?

### 우드 와이드 웹(균사체망)

나무는 땅 밑에서 서로 이야기를 나누어요. 나무 뿌리에 자라는 곰팡이들 사이에 퍼져 있는 망을 통해 벌레들이 몰려온다든지 하는 위험에 관한 정보를 공유하고 퍼뜨려요. 이러한 대규모 망을 '우드 와이드 웹'이라는 별명으로 불러요.

## 진화하는 생각들

프랑스의 생물학자 장 바티스트 라마르크는 찰스 다윈 이전에 진화의 개념을 제시했던 과학자예요. 라마르크는 생물체가 환경에 적응하기 위해 새로운 형질을 받아들이고 가장 쓸모있는 것을 자손에게 물려준다고 생각했어요. 그렇지만 라마르크의 이론은 너무 단순화된 것이며, 현재는 형질이 그런 식으로 자손에게 전달되지 않는다는 것이 알려져 있어요.

라마르크는 기린의 목이 높이 달려 있는 나뭇잎을 먹기 위해 시간이 지나면서 늘어났다고 생각했어요.

## 벌들의 춤

오스트리아의 과학자 카를 폰 프리슈는 꿀벌이 먹이를 찾으면 벌집에 있는 다른 벌들에게 먹이가 있는 장소를 알려 주기 위해 춤을 춘다는 것을 발견했어요. 벌들의 춤은 태양을 기준으로 먹이가 있는 방향을 나타낼 뿐 아니라, 먹이가 있는 곳까지의 거리도 알려 주어 다른 벌들이 먹이를 찾아 헤매지 않도록 시간과 에너지를 줄여 줘요. 과학자들은 이것을 토대로 벌이나 다른 동물들이 어떻게 집단으로 소통하는지 연구하고 있어요.

꿀벌들의 춤은 숫자 8과 모양이 비슷해요.

## 돌리

영국에서 과학자들이 성숙한 세포로부터 양을 복제(유전적으로 동일한 개체를 만드는 것)하는 데 성공했어요. 복제는 질병 치료에 도움이 될 수도 있고, 멸종된 생물을 언젠가는 다시 되살려 놓을 수도 있겠지요. 하지만 복제가 자연의 법칙에 거스르는 일이라고 생각하는 사람들도 있어요.

1916년  1967년  1972년  1996년  2009년

## 한센병과의 싸움

20세기 초, 사람들은 한센병을 치료할 수 없는 병이라고 생각했어요. 한센병은 박테리아에 의한 병으로, 전염성이 있고, 고통스럽고, 또 외모를 변하게 만들었지요. 아프리카계 미국인 화학자 앨리스 볼은 불과 스물네 살의 나이에 한센병의 획기적인 치료법을 발견했어요. 볼의 치료법은 1940년대 항생제가 이용되기 전까지 널리 사용되었어요. 안타깝게도 앨리스는 치료법을 발견한 직후에 세상을 떠나서 살아 있는 동안에 명성을 얻지는 못했어요.

## 로봇 손

피에르파올로 페트루치엘로는 교통사고로 팔 아랫부분을 잃고 3년 후에 생각만으로 로봇 손을 움직일 수 있는 첫 번째 사람이 되었어요. 이탈리아의 과학자들은 페트루치엘로의 신경 조직과 로봇 손을 전극으로 연결했어요. 페트루치엘로는 감각을 느끼고, 손가락을 움직이고, 심지어 물체를 손으로 잡을 수도 있었어요.

## 말라리아 치료법

중국은 북베트남의 동맹국으로서 베트남 전쟁에 참여했어요. 이때 많은 병사들이 말라리아로 목숨을 잃었어요. 중국의 화학자 투유유는 정부로부터 말라리아의 치료법을 찾으라는 지시를 받았어요. 중국 전통 의학 방식으로 수천 번의 실험을 한 끝에 투유유와 연구 팀은 개똥쑥의 잎에서 추출한 성분이 말라리아 치료에 효능이 있다는 근거를 찾았어요. 투유유가 발견한 치료제 아르테미시닌은 수많은 생명을 구했어요.

# 도대체 물리학이 뭔데?

물리학을 알지 못했다면 오늘날 우리가 당연하게 여기는 많은 것들이 아마 불가능했을 거예요. 비행기나 스마트폰이 만들어지지 못했을 것이고, 아마도 전기조차 사용하지 못했겠지요. 물리학은 왜 물체가 위로 올라가지 않고 아래로 떨어지는지, 빛과 소리가 어떻게 움직이는지 같은 주요한 질문들과 씨름해요. 물리학자들은 심지어 언젠가는 "왜 이 모든 것이 존재하는가?" 같은 우주의 궁극적인 수수께끼를 밝혀낼 것이라고 믿고 있어요.

# 물리학이 왜 필요한가요?

세상이 어떻게 움직이는지 알고 싶나요? 그렇다면 물리학을 시작하세요! 물리학은 모든 과학의 핵심이에요. 물리학은 가장 오래된 과학이며, 다른 과학의 기초가 되는 학문이에요. 초기의 물리학자들은 단순히 우주가 왜 이런 방식으로 움직이는지 궁금해하고, 우주를 이해하는 방법을 찾으려고 노력했어요. 그 호기심은 여전히 물리학의 가장 큰 부분을 차지하고, 다른 많은 분야에서 커다란 발견을 이끄는 원동력이 되고 있어요.

던져진 공의 에너지는 한 질량(운동선수)에서 다른 질량(공)으로 옮겨져요.

운동선수가 득점하기 위해서는 적당한 힘과 올바른 방향으로 공을 위로 던져야 해요.

중력의 힘이 공을 아래로 끌어당겨요.

공의 속도와 방향이 농구 골대를 향해요.

## 물리학은 무엇인가요?

'물리학'이라는 용어는 고대 그리스어로 '자연, 근본'이라는 말에서 왔는데, 우주가 어떻게 생겨나고, 그 원리는 무엇인지를 탐구하는 물리학의 특징을 나타내요. 물리학은 무엇보다 물질, 에너지, 공간, 시간에 대하여 연구하는 학문이에요. 농구공을 던지는 것과 같은 매우 간단한 동작도 던질 때의 에너지와 힘이 어떻게 공을 공중에 떠오르게 하는지를 물리학으로 설명할 수 있어요.

## 도대체 원자가 무엇인가요?

작은 개미부터 폭발하는 별까지 우리가 세상에서 볼 수 있는 모든 것들은 원자로 이루어져 있어요. 원자는 모든 물질을 이루는 기본 단위예요. '원자'라는 말은 고대 그리스어로 '자를 수 없는'이라는 뜻인데, 고대 그리스인들은 원자를 더 이상 나눌 수 없다고 생각했어요. 원자는 사실 원자 중심에 있는 양성자와 중성자(합쳐서 원자핵이라고 불러요), 그리고 그 주변을 도는 전자 등 '아원자'라고 불리는 더 작은 입자들로 이루어져 있어요.

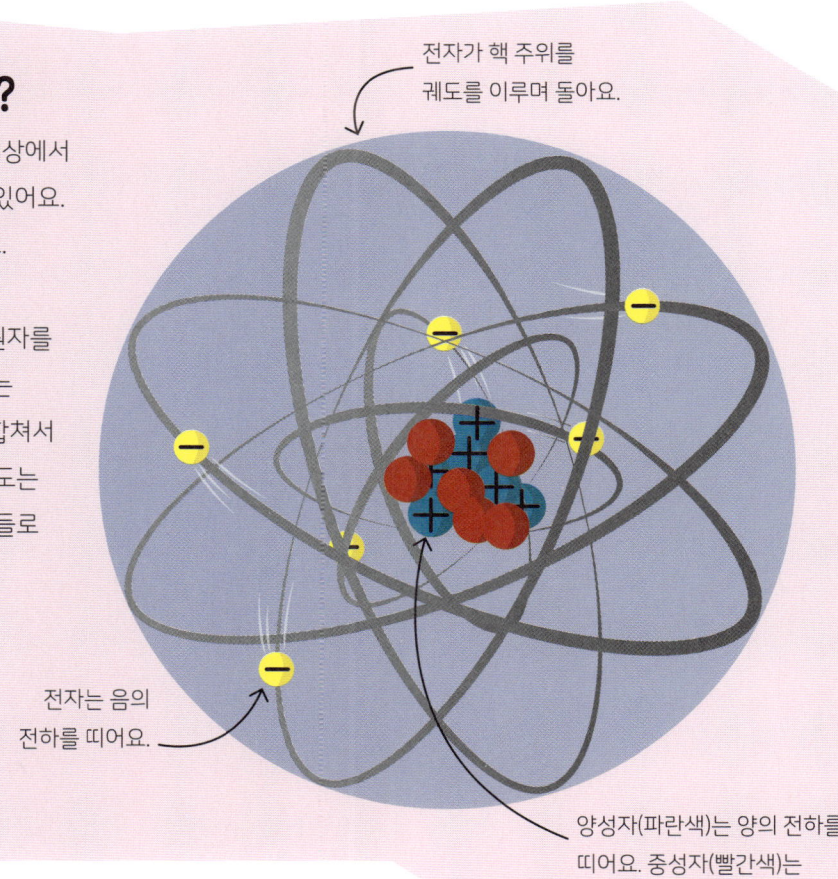

전자가 핵 주위를 궤도를 이루며 돌아요.

전자는 음의 전하를 띠어요.

양성자(파란색)는 양의 전하를 띠어요. 중성자(빨간색)는 전하를 띠지 않아요.

## 일상생활에서의 물리학

물리학은 우리 주변의 거의 모든 곳에서 찾을 수 있어요. 물리학과 관련이 없는 것은 아마 몇 되지 않을 거예요. 일상생활에 꼭 필요한 전기로 작동하는 많은 제품들은 똑똑한 물리학자들이 전기 이용 방법을 알아낸 덕분에 가능해졌어요. 컴퓨터, 텔레비전, 라디오는 눈에는 보이지 않는 전자파를 신호로 사용하는데, 이것도 물리학의 중요한 한 분야예요.

굴삭기 같은 기계는 물리학을 이용해 작은 힘으로 큰 힘이 드는 일을 효과적으로 해내요.

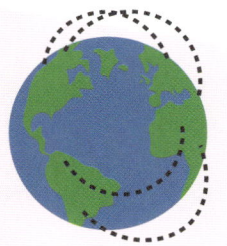

인터넷은 지구 궤도 주변을 도는 인공위성으로 가능해졌는데, 이것도 물리학 덕분이에요.

비행기는 물리학의 법칙을 이용해서 하늘로 날아오르고, 떨어지지 않고 하늘을 날 수 있으며, 안전하게 착륙할 수 있어요.

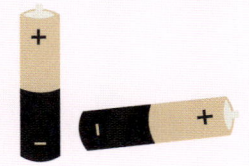

건전지는 전자 회로가 일을 할 수 있도록 전기 에너지를 저장해요.

텔레비전은 물리학에서 배운 빛, 파동, 색에 관한 개념이 이용돼요.

# 세계를 움직이는 동력

사람들은 수천 년 전부터 전기에 대해 알고 있었어요. 고대 그리스인들은 호박*을 모피에 문지르면 정전기가 생긴다는 것을 알고 실험했어요. 그러나 전기가 전선을 타고 흘러서 동력을 전달할 수 있다는 것을 과학자들이 깨달은 것은 그로부터 수 세기가 지난 후의 일이었어요. 이 발견은 온 세계를 뒤흔드는 에너지 혁명을 가져왔어요.

*나무의 진이 땅속에 오랫동안 묻혀 있으면서 화석화된 광물.

**1** 고대 이집트인들은 나일강에서 잡은 전기메기로부터 전기의 존재에 대해 알았어요. 고대 이집트인들은 전기메기의 전기 충격을 관절염 치료에 사용했어요.

**2** 18세기 중반에 이르자 사람들은 전기에 대해 좀 더 연구하기 시작했어요. 미국의 발명가 벤저민 프랭클린은 칠면조를 죽이고 요리하는 데 전기를 사용했어요!

전기메기는 전기 충격을 이용해 먹이를 잡거나 자신을 지켜요.

## 과학 이해하기
### 밝은 섬광

프랭클린은 실험으로 번개와 전기가 서로 관련이 있다는 것을 증명했어요. 프랭클린은 전기가 양의 전하가 있는 곳에서 음의 전하가 있는 곳으로 액체처럼 흐를 것이라고 생각했어요. 사실은 그 반대로, 전기는 음에서 양으로 흐른다는 것이 밝혀졌어요.

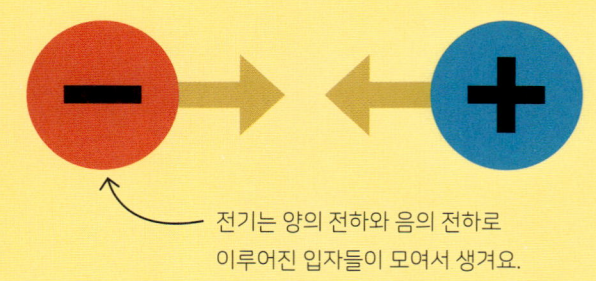

전기는 양의 전하와 음의 전하로 이루어진 입자들이 모여서 생겨요.

**3** 프랭클린은 폭풍우가 칠 때 생기는 번개가 아마도 전기의 일종일 것이라고 생각했어요. 그리고 자신의 이론이 맞는지 실험해 보기로 했어요.

프랭클린은 번개의 섬광이 거대한 전기 불꽃이라는 것을 깨달았어요.

연에 있는 철사가 전기를 끌어들여요.

**4** 어느 폭풍우가 치던 날, 연줄 끝에 열쇠를 매달고 연을 날렸어요. 그리고 열쇠를 만지자 불꽃이 반짝 일었어요. 프랭클린의 생각이 맞았던 거예요.

프랭클린은 전하를 레이던병에 모았는데, 이것은 오늘날의 건전지와 같은 거예요.

### 뇌우
뇌우가 있을 때, 구름 아래쪽에 음의 전하가 쌓이고 지표면에 양의 전하가 쌓여요. 둘은 서로 끌어당기면서 엄청난 전하를 만들어요. 이 끌어당기는 힘 때문에 구름 아래쪽에서 땅으로 전기가 흘러 번개가 생겨요.

### 피뢰침
프랭클린은 연에 쌓인 전하의 일부를 땅으로 흘러가게 했어요. 연이 번개에 직접 맞지 않은 것이 정말 천만다행이에요. 그랬다면, 프랭클린은 바로 죽었을 거예요.

45

## 전기의 저장

비록 프랭클린이 '배터리(전지)'라는 용어를 사용하긴 했지만, 1800년에 실제로 작동하는 전지를 만든 사람은 이탈리아의 발명가 알레산드로 볼타였어요. 볼타 전지는 화학 반응을 이용하여 전하를 만들어 내고 전선에 연속적으로 전류를 흐르게 한 최초의 전지였어요.

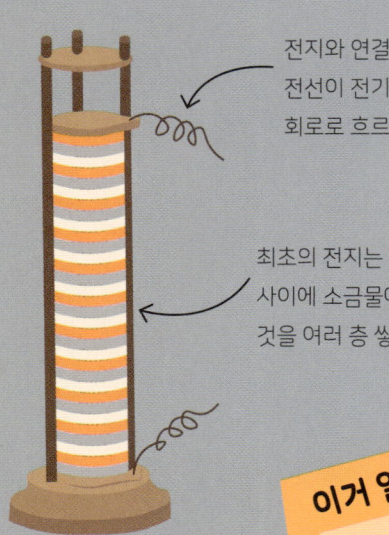

전지와 연결된 전선이 전기를 회로로 흐르게 해요.

최초의 전지는 구리판과 아연판 사이에 소금물에 적신 판지를 끼운 것을 여러 층 쌓아 올려 만들었어요.

### 이거 알아요?

**일렉트로스**

'전기'라는 뜻의 일렉트리시티(electricity)는 그리스어로 '호박'을 뜻하는 단어 일렉트로스(elektros)에서 나왔어요. 고대 그리스인들이 호박을 모피나 깃털에 문지르면 정전기가 생긴다는 것을 발견했기 때문이에요.

## 전기 공급하기

매일 발전소에서 만들어진 엄청난 양의 전기가 전선을 타고 멀리 보내져요. 전기를 발전소에서 내보낼 때는 에너지 손실을 줄이기 위해 변전소에서 전압(전하를 움직이도록 만드는 힘)을 올려요(승압). 전기가 집으로 들어오기 전에 안전하게 사용할 수 있도록 전압을 다시 내려요(감압).

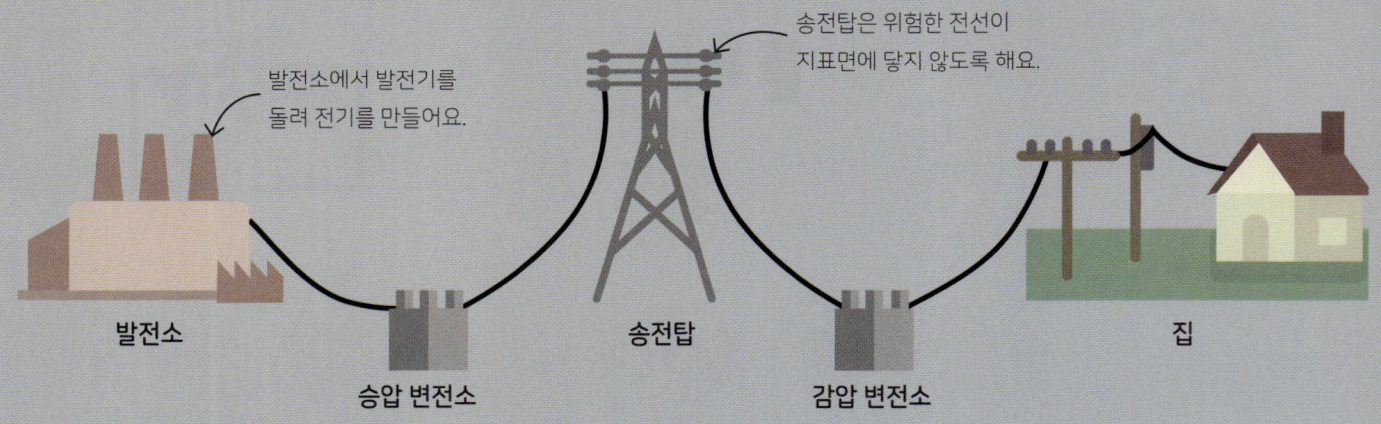

발전소에서 발전기를 돌려 전기를 만들어요.

송전탑은 위험한 전선이 지표면에 닿지 않도록 해요.

발전소 · 승압 변전소 · 송전탑 · 감압 변전소 · 집

### 현실 속 과학

**멋진 풍력 발전**

전 세계에서 사용하는 전기는 대부분 화석 연료를 태워서 얻어요. 그러나 요즘은 많은 나라들이 바람이나 태양열처럼 좀 더 환경 친화적인 에너지원을 찾으려고 노력하고 있어요.

## 가정용 전기

프랭클린 같은 초기의 발명가들은 전기를 실생활에서 사용할 수 있는 방법을 찾으려고 애썼어요. 그러한 노력은 결국 세계를 바꾸었지요. 토스터나 전기 주전자부터 냉장고, 전화기에 이르기까지 현재 우리가 쓰는 많은 기기들은 전기를 사용해요. 이제는 전기가 없는 세상을 상상하기 어려워요.

## 한번 해 볼까요?
### 정전기

풍선을 옷이나 머리카락에 문질러요. 그러면 풍선이 전자를 끌어당겨 음의 전기를 띠게 돼요. 이 풍선으로 종이 조각을 붙이거나 빈 병을 움직여 보아요.

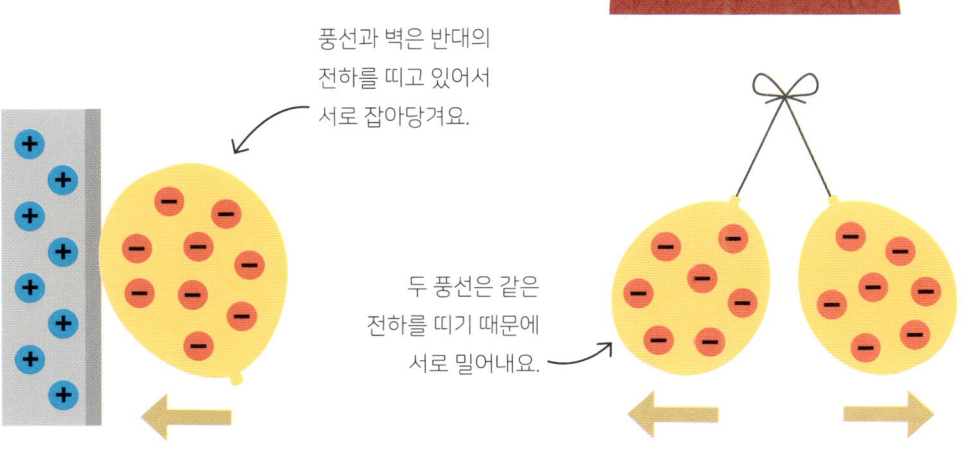

풍선과 벽은 반대의 전하를 띠고 있어서 서로 잡아당겨요.

두 풍선은 같은 전하를 띠기 때문에 서로 밀어내요.

전기를 띠는 풍선을 벽에 대면 마치 마술처럼 달라붙을 거예요. 풍선에 있는 음의 전하가 벽에 있는 음의 입자를 밀어내 벽 표면이 양의 전기를 띠게 만들기 때문이에요.

다른 전하끼리는 서로 끌어당기지만, 같은 전하끼리는 서로 밀어내요. 전기를 띠는 풍선 두 가를 나란히 놓으면 음의 전하가 서로 밀어내어 풍선은 멀어져요.

1. 빌헬름 뢴트겐은 음극선관 실험을 하고 있었어요. '음극선관'은 스위치를 켜서 전기가 흐르면 전자 광선(음극선)을 만드는 유리관이에요. 뢴트겐은 음극선관에서 나오는 모든 빛을 잠시 차단하고 싶었어요. 그래서 음극선이 통과해 나오지 못하도록 음극선관을 판지로 덮었지요.

2. 그런데 뢴트겐이 음극선관의 스위치를 켜자 실험실 형광판에서 이상한 빛이 나는 것을 발견했어요. 반대로 스위치를 끄자 형광판도 어두워졌어요. 눈에 보이지 않는 이상한 빛이 판지를 뚫고 나온 것이 틀림없었어요. 뢴트겐은 그 이상한 빛이 무엇인지 도저히 알 수 없어서 '엑스선'이라고 이름 붙였어요.

# 엑스선으로 보는 법

엑스선은 1895년 독일의 물리학자 빌헬름 뢴트겐에 의해 우연히 발견되었어요. 오늘날 엑스선은 전 세계의 병원에서 일 년에 일억 번도 넘게 사용돼요. 전파나 가시광선처럼 엑스선도 '전자기파'라고 불리는 에너지의 한 형태예요. 엑스선은 전자기파 중에서 에너지가 가장 높아서, 가시광선이 통과하지 못하는 사람의 피부와 같은 물질을 통과할 수 있어요. 그 때문에 엑스선은 사람의 몸 안을 들여다보는 데 사용하기에 적합해요.

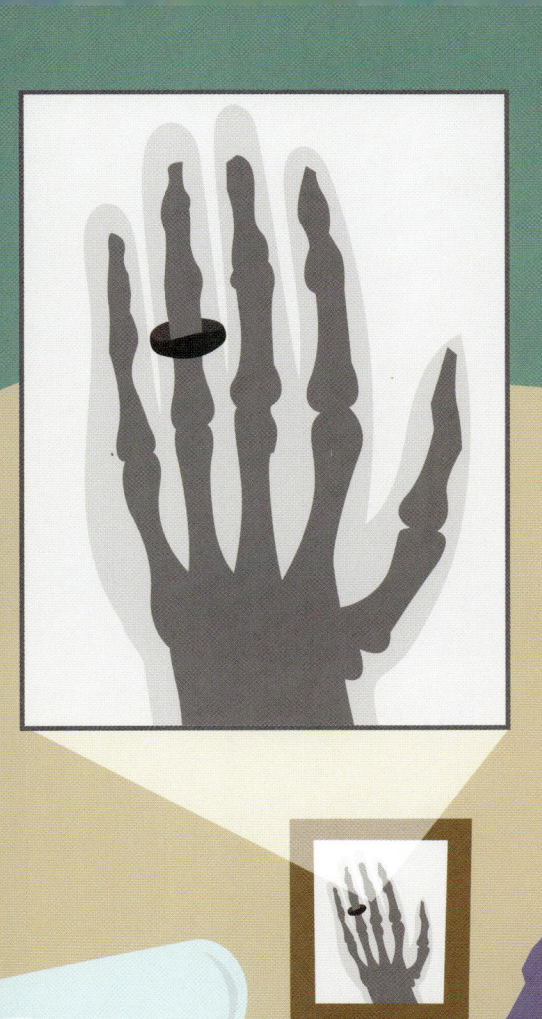

**3** 뢴트겐은 엑스선이 종이, 책, 심지어 얇은 금속 조각까지도 통과할 수 있다는 것을 알아냈어요. 뢴트겐이 아내의 손을 사진 건판에 올려놓고 엑스선을 쪼이자 아내의 뼈 그림자가 찍혔어요. 아내는 자신의 유령 같은 손 사진을 보고는 "나의 죽음을 보았어요"라고 말했어요. 이 사진이 인류 최초의 엑스선 사진이에요.

## 엑스선 영상이 생기는 원리

엑스선 영상은 사진과는 매우 다른 방법으로 찍혀요. 사진은 가시광선이 물체에 반사되어 생기지만 엑스선 영상은 전자기파가 물체를 통과해 나가기 때문에 생겨요. 엑스선 영상에서 흰색 부분은 뼈와 같이 단단한 물질이 광선을 흡수하면서 생긴 그림자예요. 폐나 피부같이 부드러운 조직은 엑스선을 일부분만 흡수하기 때문에 회색으로 나타나요. 어두운 부분은 엑스선이 통과해 지나간 곳이에요. 그 때문에 뼈가 부러지거나 금이 간 곳을 엑스선으로 쉽게 찾을 수 있어요.

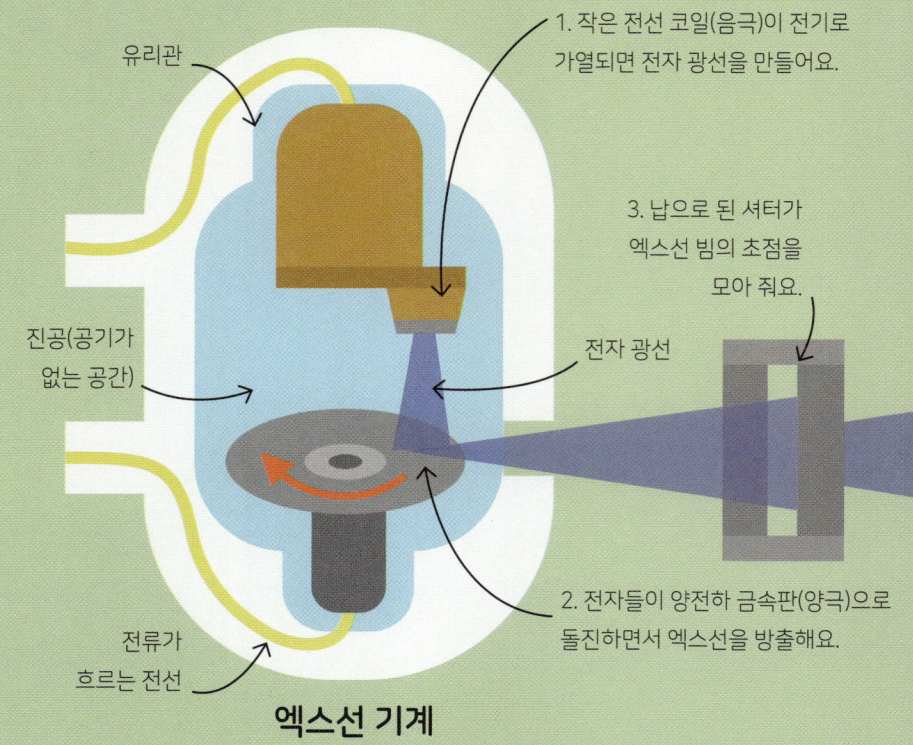

엑스선 기계

## 엑스선이 왜 중요한가요?

엑스선은 뼈나 치아의 문제를 쉽게 찾아낼 수 있을 뿐 아니라 테러리스트를 잡거나 분자 구조를 이해하는 데에도 도움을 줘요. 과학자들이 처음으로 디엔에이(DNA, 유전자를 운반하는 분자)의 구조를 발견할 수 있었던 것도 엑스선 덕분이었어요.

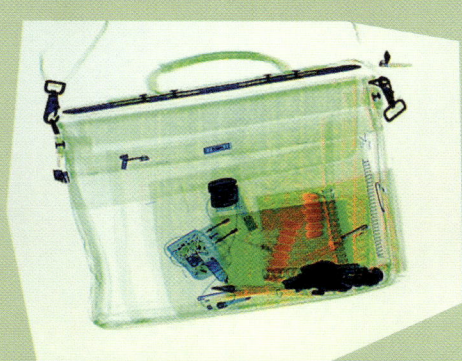

**공항 검색**
공항에서 쓰는 엑스선 스캐너는 승객들의 가방과 몸을 검색해 위험하거나 불법인 물건이 있는지 확인해요.

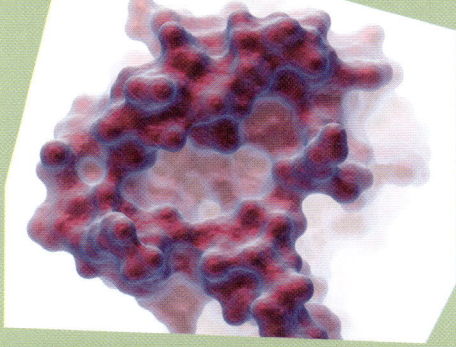

**분자 구조**
엑스선을 결정체나 고체에 쏘이면 독특한 무늬를 만들어 내요. 과학자들은 이 무늬를 사용하여 물질의 분자 구조가 어떠한지 알아내요.

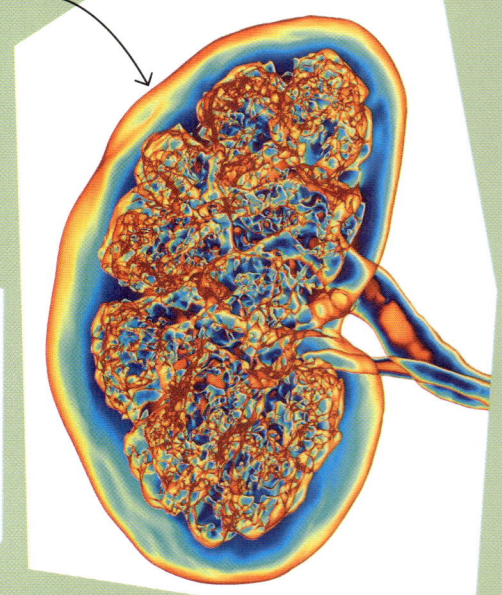

**컴퓨터 단층 촬영**
컴퓨터 단층 촬영(CT 스캔) 기계는 엑스선으로 인체 내부를 여러 각도에서 찍은 후 결합하여 자세한 삼차원 영상으로 보여 주는 의료 장치예요.

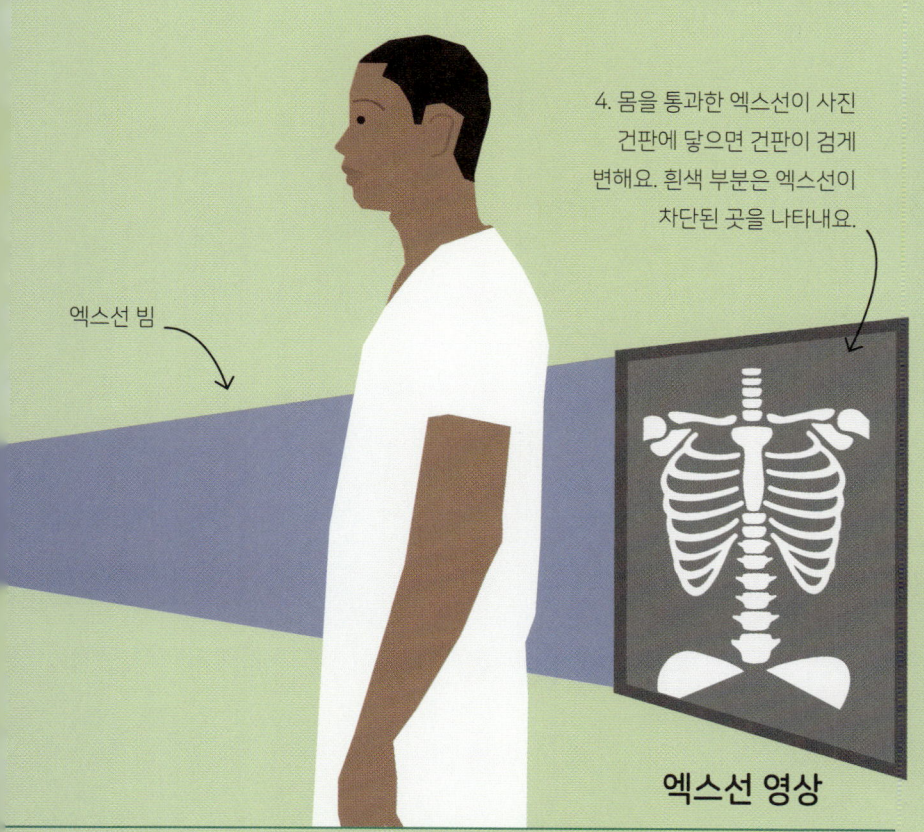

엑스선 빔

4. 몸을 통과한 엑스선이 사진 건판에 닿으면 건판이 검게 변해요. 흰색 부분은 엑스선이 차단된 곳을 나타내요.

엑스선 영상

### 현실 속 과학

#### 우주에서의 엑스선

별과 은하는 가시광선뿐 아니라 엑스선도 방출해요. 천문학자들은 엑스선 망원경을 사용하여 블랙홀이나 폭발한 별들의 잔해와 같이 가시광선으로는 잘 볼 수 없는 천체들을 연구해요.

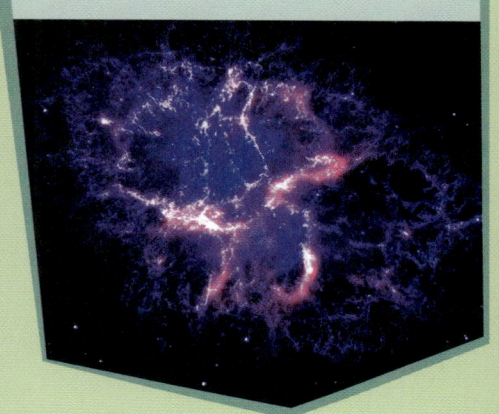

## 한번 해 볼까요?
## 그림자 놀이

엑스선은 가시광선과 비슷하지만, 에너지가 높아서 물체를 쉽게 통과할 수 있어요. 어떤 원리인지 확인하려면 손전등과 어두운 방만 있으면 돼요.

우선, 손전등을 켜고 그 뒤에 서요. 우리 몸이 모든 빛 에너지를 흡수하거나 반사해서 그림자를 생기게 할 거예요. 이것은 엑스선이 뼈와 같이 단단한 물질의 영상을 만드는 원리와 같아요.

이번에는 손전등을 손으로 가려 보세요. 손이 에너지 대부분을 흡수하고 일부는 통과해 나가면서 손의 피부가 빛날 거예요. 엑스선은 가시광선보다 더 많은 에너지를 갖고 있어서 부드러운 조직은 더 쉽게 통과해 지나가요.

강한 빛의 광선이 피부를 통과해 나가요.

**1** 항해할 때 빙산의 위치를 사람 눈에 의지해서 찾던 때가 있었어요. 그러나 밤에는 물 속에 잠긴 위험을 보기가 어려워요. 1912년 4월 14일이 되기 직전에 타이태닉호가 빙산과 충돌해 가라앉았고 1,500명이 넘는 사람들이 목숨을 잃었어요.

# 잠수함을 찾는 법

1912년 타이태닉호가 빙산과 충돌하여 가라앉은 후, 과학자들은 물속에 숨겨진 장애물들을 감지하는 방법에 대해 연구하기 시작했어요. 2년 후, 제1차 세계 대전이 시작되자 그보다 더 급한 새로운 위협이 문제로 떠올랐어요. 그것은 바로 잠수함이었어요. 다행히 자연에서 기발한 생각을 빌려와 빛 대신에 소리로 '보는' 방법으로 해결할 수 있었어요. 이러한 장치를 '수중 음파 탐지기'라고 해요.

잠수함들이 음식과 생활 물품을 싣고 가던 상선들을 공격했어요.

**2** 1914년 독일의 잠수함이 대서양을 건너던 연합국(영국, 미국, 프랑스, 그 외 국가들)의 상선을 공격하면서 바다 항해가 더욱 위험해졌어요.

### 과학 이해하기
### 소리로 보기

박쥐와 돌고래는 수중 음파 탐지기와 비슷한 원리의 음향 반사를 통해 암흑 속이나 어두운 물속에서 먹이를 사냥해요. 박쥐와 돌고래는 딸깍거리는 고주파수의 소리를 낸 후 되돌아오는 반사파의 소리를 듣고 먹이가 있는 위치를 뇌에서 그려 낼 수 있어요. 이것을 반향 정위, 또는 '바이오소나'라고 불러요.

돌고래는 딸깍거리는 소리를 1초에 600회까지 내요.

반사파가 되돌아오는 데 걸리는 시간으로, 먹이가 얼마나 멀리 있는지 알 수 있어요.

소리 파장이 먹이의 몸에서 반사되어 반사파가 생겨요. 반사파가 오는 방향으로 먹이의 위치를 알 수 있어요.

음파는 바닷물에서 시속 5,400킬로미터의 속도로 이동해요.

**3** 1939년 제2차 세계 대전이 시작될 무렵, 연합국의 과학자들이 해법을 찾았어요. 과학자들은 전함에 고주파수(높은 음역대)의 소리 빔을 쏘는 장치를 실었어요. 그리고 적의 잠수함에 부딪혀 반사되어 오는 음파를 배에 있는 탐지기로 포착했어요.

**4** 배의 제어실에 있는 장치는 소리 정보를 이용해 잠수함의 정확한 위치를 나타내요. 이 정보를 이용해 해군은 '폭뢰', 즉 일정한 깊이로 가라앉아야만 터지는 수중 폭탄을 어디에 떨어뜨릴지 위치를 계산할 수 있었어요. 이제 전함은 독일의 잠수함에 맞서 싸울 수 있게 되었어요.

박쥐도 움직이는 먹이의 속도와 방향을 '볼 수' 있는데, 움직이는 물체에 반사된 소리의 파장이 변하는 것을 느끼기 때문이에요. 전함의 수중 음파 탐지기도 같은 원리를 사용하여 목표물의 위치, 속도, 방향을 계산해요.

박쥐 쪽으로 날아오는 나방은 반사된 음파들이 촘촘하게 몰리면서 높은 음역대의 소리를 내요.

박쥐로부터 멀어지는 나방은 반사된 음파들 사이의 거리가 멀어지면서 낮은 음역대의 소리를 내요.

중앙해령계는 세계에서 가장 긴 해저 산맥이에요.

## 해저 산맥

과학자들은 배에서 수중 음파 탐지기를 사용하여 해저의 깊이를 잴 수 있다고 생각했어요. 이 생각 덕분에 1950년대에 미국의 해양 과학자 마리 타프가 놀라운 발견을 하게 되었어요. 타프는 대양을 가로지르는 숨겨진 해저 산맥을 발견했어요. 이 발견으로 지구의 지각이 조각 퍼즐처럼 움직이는 판으로 나뉘어 있고, 해저 산맥이 주된 판 사이의 경계를 이루고 있다는 새로운 이론이 확실해졌어요.

## 수중 음파 탐지기와 바다 생물

오늘날 어선은 수중 음파 탐지기를 이용하여 어디에 그물을 던질지 결정해요. 과학자들도 수중 음파 탐지기를 이용하여 물고기 떼를 관찰하고, 너무 많은 포획으로 물고기의 개체수가 줄어들지는 않는지 확인하지요. 그러나 수중 음파 탐지기는 돌고래나 고래 같은 바다 동물에게 해로울지도 몰라요.

물고기 떼를 찾기 위해 수중 음파 탐지기를 이용해요.

일부 과학자들에 따르면, 선박에서 나오는 수중 음파 때문에 돌고래나 고래가 깜짝 놀라고 먹이를 찾는 데 해로운 영향을 줄 수 있다고 해요.

# 레이다

수중 음파 탐지기가 물속에서 작동하는 장치라면, 땅 위의 물체를 감지하는 데 효과적인 비슷한 장치로 레이다가 있어요. 레이다는 빛의 속도로 움직여서 음파보다 더 멀리까지 도달할 수 있는 전파를 사용해요. 공항에서 사용하는 항공 교통 관제 시스템은 레이다로 이륙하고 착륙하는 비행기들을 관찰하고 서로 충돌하지 않도록 비행기들의 위치를 감시해요.

비행기에 있는 전파 탐지기가 지면에서 반사되어 온 레이다 신호를 이용하여 비행기의 높이를 재요.

비행기들 각각의 위치가 공항 관제탑에 있는 레이다 화면에 나타나요.

두 번째 안테나가 비행기의 높이와 정보를 수집해요.

지면에 있는 레이다 안테나가 전파를 보내고 반사되어 오는 신호를 감지해요.

## 현실 속 과학

### 초음파 검사

초음파 기기는 반사파를 이용하여 인체 내부의 장기를 들여다보는 기계예요. 의사는 초음파 검사로 엄마 배 속의 태아가 잘 자라고 있는지 확인하고 아기가 남아인지 여아인지 구별할 수 있어요. 초음파 기기는 우리 귀에는 들리지 않는 매우 높은 주파수의 음파를 사용해요.

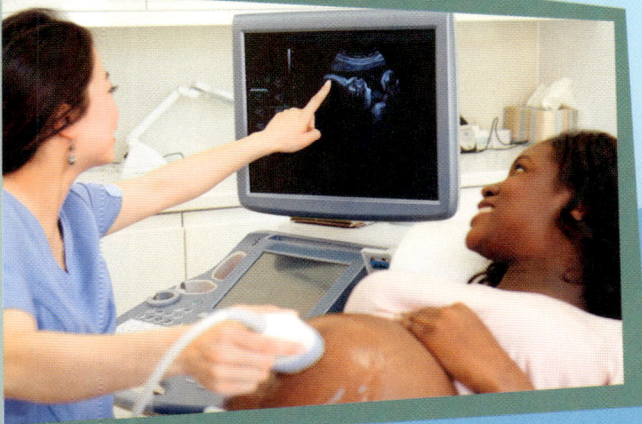

# 굉장한 물리학자들

예전부터 사람들은 간단한 기기를 만드는 것부터 중력을 이해하는 것에 이르기까지 일상생활에서 물리학의 개념을 이용해 왔어요. 뛰어난 물리학자들 덕분에 에너지, 운동, 빛, 소리와 같은 세상의 현상들에 대해 이해할 수 있게 되었지요. 오늘날에 이르러, 물리학의 경계는 더욱 넓어져서 과학자들은 우주와 시간에 관한 대단히 놀라운 질문들에 대한 답을 찾기 위해 노력하고 있어요.

## 초기의 원자

고대 사상가들의 이론은 오늘날 우리가 원자를 이해하는 데 영향을 미쳤어요. 인도의 철학자 카나다는 만물은 파괴할 수 없는 입자들이 다양한 방식으로 결합되어 이루어진다고 생각했어요. 그리스의 철학자 데모크리토스도 더 이상 나눌 수 없는 작은 입자들이 무수히 많다고 생각하여 그리스어로 '나눌 수 없는'이라는 뜻의 '아토모스'라고 불렀어요.

카나다   데모크리토스

기원전 2000년경   기원전 4세기   기원전 200년경

## 초기의 지렛대

지렛대는 물리학의 원리를 이용해서 물건을 더 쉽게 들어올릴 수 있도록 만든 간단한 도구예요. 고대 메소포타미아와 이집트 사람들은 강에서 물을 길어 밭에 물을 댈 때 '샤두프'라고 불리는 방아두레박을 사용했어요. 샤두프는 요즘에도 일부 지역에서 사용되고 있어요.

## 최초의 나침반

고대 중국인들은 '자철석'이라는 자석을 숟가락 모양으로 만들어 청동판 위에 올려놓아 나침반과 비슷한 기구를 만들었어요. 청동판이 움직이면 자철석도 회전하는데, 손잡이 부분은 항상 남쪽을 가리켰어요.

농부가 밧줄을 당겨 줄에 매달린 물통을 아래로 내려요.

농부가 밧줄을 놓으면 반대편에 달린 균형추의 무게 때문에 물이 담긴 물통이 올라와요.

청동판에는 여덟 개의 나침반 방향이 표시되어 있어요.

자철석

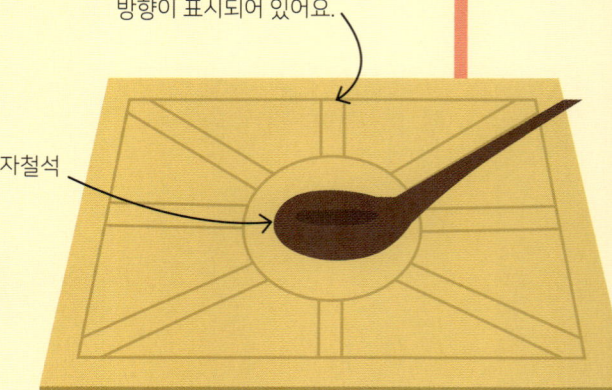

## 눈으로 볼 수 있는 원리

아라비아의 학자 하산 이븐 알하이삼은 빛과 시각에 대한 개념을 완전히 바꿔 놓았어요. 오래전 학자들은 우리 눈에서 빛이 나오기 때문에 볼 수 있는 것이라고 믿었어요. 알하이삼은 빛이 어떻게 사물에서 반사되어 우리 눈으로 들어와 물체의 이미지를 형상화하는지 설명했어요. 알하이삼은 또 그림자, 일식, 월식, 무지개가 생기는 원리도 설명했어요.

### 이거 알아요?

**과학 혁명**

유럽 사람들은 고대 그리스 시기부터 전해 내려오던 방식대로 세상을 이해하고 있었어요. 1540년대 이후, 학자들은 이러한 오래된 생각에 의문을 품기 시작했어요. 그리고, 관찰과 실험이라는 새로운 방법으로 세상을 이해하려고 노력했어요. 이 시기를 '과학 혁명'이라고 불러요.

1021년  1589년   1970년대

## 떨어지는 물체

이탈리아의 천문학자이자 수학자 갈릴레오 갈릴레이는 실험을 통해 이론을 증명한 최초의 과학자 중 한 명이에요. 아리스토텔레스는 높은 곳에서 물체를 떨어뜨리면 무거운 물체가 가벼운 물체보다 더 빨리 떨어진다고 주장했어요. 갈릴레이는 그렇게 생각하지 않았고, 직접 실험을 통해 자신의 생각을 증명했어요. 갈릴레이는 유명한 피사의 사탑에 올라가 질량이 다른 쇠구슬 두 개를 떨어뜨렸어요. 갈릴레이의 이론이 옳았고, 모든 물체가 질량에 상관없이 지구 중력의 영향을 받아 같은 비율로 가속된다는 것을 보여 줬어요.

## 뉴턴의 사과

아이작 뉴턴이 할머니댁의 과수원에 있을 때 사과나무에서 사과가 땅으로 떨어지는 것을 보았어요. 뉴턴은 사과가 하늘로 솟구치거나 옆으로 움직이지 않고 왜 항상 아래로 떨어지는지 궁금했어요. 뉴턴의 호기심은 중력에 관해 깊이 연구하도록 이끌었고, 행성과 위성의 궤도에 중력이 어떻게 영향을 미치는지 이해하게 되었어요.

갈릴레이의 실험에서 두 개의 쇠구슬이 땅에 동시에 떨어졌어요.

57

## 빛의 파동

아주 오래전부터 과학자들은 빛에 대해 두 가지 이론을 주장했어요. 영국의 과학자 아이작 뉴턴은 빛이 작은 입자들의 흐름으로 이루어졌다고 생각했어요. 네덜란드의 과학자 크리스티안 하위헌스는 빛이 강물의 물결처럼 파동으로 움직인다고 주장했어요. 실제로 두 과학자의 말이 모두 옳아요. 빛은 입자와 파동 두 성질을 모두 가지고 있어요.

입자    파동

## 상대성 이론

알베르트 아인슈타인의 연구는 인류가 우주를 이해하는 데 큰 변혁을 가져왔어요. 유명한 방정식, $E=mc^2$는 물질($mc^2$)이 에너지(E)로 변화될 수 있고 다시 물질로 돌아갈 수 있다는 것을 보여 줬어요. 또 빛, 시간, 공간이 어떻게 중력의 영향을 받는지도 밝혀냈지요. 아인슈타인의 이론들은 많은 과학자들이 블랙홀이나 빅뱅같이 신기한 현상들을 연구하는 데 큰 영향을 미쳤어요.

1687년    1831년    1905~1917년

검류계가 전류를 측정해요.

자기장    자석을 코일 형태로 감긴 전선에 넣을 때 전류가 생겨요.

### 이거 알아요?

#### 빛의 속도

목성의 위성 이오의 식*을 관찰한 덴마크의 천문학자 올레 뢰머는 1676년, 수백 년 동안 이어져 온 빛에 관한 생각을 뒤바꾸어 빛의 속도는 유한하며 잴 수 있다는 것을 알아냈어요. 그로부터 다시 300년이 지난 후에야 과학자들이 정확한 측정을 통해 빛의 속도가 초속 약 30만 킬로미터라는 것을 확인했어요.

*목성의 그림자에 가려지는 현상.

## 전자기

영국의 과학자 마이클 패러데이는 전기와 자기를 잇는 중요한 연결고리를 발견했어요. 자석을 코일 형태로 감긴 전선 안에 넣는 순간 전류가 만들어졌어요. 그렇게 패러데이는 최초의 발전기를 발명했어요. 패러데이가 발명한 발전기 덕분에, 오늘날 우리는 가정에서 전기를 쓸 수 있어요.

## 핵분열

우라늄 성분을 조사하던 독일의 물리학자 리제 마이트너와 오토 프리슈는 원자핵이 더 작은 핵으로 나뉠 수 있고 이때 엄청난 양의 에너지가 방출된다는 것을 발견했어요. 이 과정을 핵분열이라고 해요. 핵분열은 원자력 에너지를 만들기 위해 개발되었지만, 이로 인해 원자 폭탄도 만들어졌어요.

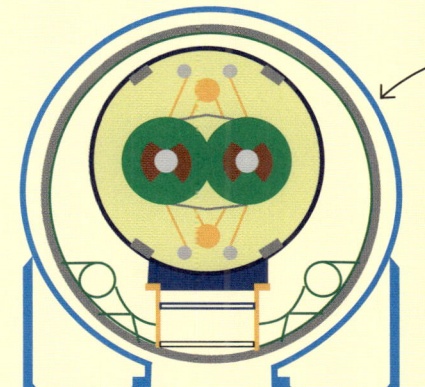

대형 강입자 충돌기는 27킬로미터 길이의 원형 자석 터널이에요.

## 만물 이론

과학자들은 프랑스와 스위스 국경에 세계에서 가장 큰 기계를 만들어서 빅뱅(우주가 생겨난 거대한 대폭발) 당시의 조건들을 다시 재현해 보고자 노력하고 있어요. 대형 강입자 충돌기(LHC) 안에서는 '하드론(강입자)'이라는 작은 입자들이 거의 빛의 속도로 충돌해요. 과학자들은 이 실험을 통해 언젠가는 우주의 모든 물리학의 법칙을 하나로 통합한 만물 이론을 찾을 수 있기를 기대하고 있어요.

**1911년** — **1938년** — **2008년** — **2019년**

## 원자핵

오래전부터 과학자들은 원자가 물질의 가장 작은 단위이고, 더 이상 쪼갤 수 없다고 생각했어요. 그러던 중 뉴질랜드의 과학자 어니스트 러더퍼드와 동료들은 원자 안에 전하를 띤 더 작은 입자들이 존재하는 것을 발견했어요. 그것은 음의 전하를 띤 전자와 중심에 매우 큰 힘으로 묶여 있는 작은 핵이에요. 그 후의 연구들은 핵도 더 나누어질 수 있다는 것을 알아냈어요.

## 블랙홀

아인슈타인의 이론은 과학자들이 블랙홀의 존재를 찾는 데 도움을 주었어요. 블랙홀이란 중력이 너무 강해서 빛조차도 빠져나올 수 없는 우주의 공간을 말해요. 미국의 컴퓨터 과학자 케이티 부먼이 개발한 프로그램 덕분에 최초의 블랙홀 사진을 찍을 수 있었어요.

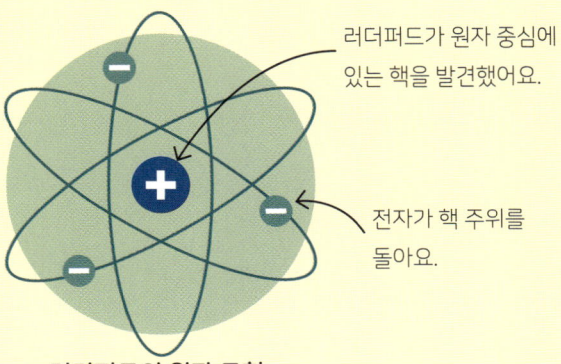

러더퍼드가 원자 중심에 있는 핵을 발견했어요.

전자가 핵 주위를 돌아요.

**러더퍼드의 원자 모형**

# 도대체 화학이 뭔데?

화학은 물질의 기본 단위인 원자에서 시작하여 물질이 무엇으로 이루어져 있는지, 그리고 어떻게 원자들이 서로 다양한 방식으로 결합하여 새로운 물질들을 만들어 내는지 연구하는 학문이에요. 이러한 과정을 이해함으로써 현대의 화학자들은 우리의 건강을 지켜 주는 약을 만든다거나 인류에게 충분한 먹거리를 제공할 수 있도록 좀 더 생산적인 농사 기법을 개발하는 등 우리 삶의 많은 부분에 영향을 미쳐 왔어요.

# 화학이 왜 필요한가요?

원자, 반응, 변화, 상태는 화학의 핵심 분야예요. 화학은 물질이 어떻게 이루어져 있는지, 그리고 물질이 다른 조건에서, 예를 들어 합쳐지거나 나누어질 때, 또는 열을 가하거나 냉각할 때, 어떤 일이 생기는지 연구해요. 화학은 우리 삶에 매우 중요해요. 화학은 차와 비행기에 필요한 연료를 만들고, 우리가 먹는 음식의 맛을 더 좋게 하고, 더 오랫동안 보관할 수도 있게 해 주었어요.

## 화학은 무엇인가요?

화학은 물질의 특성과 구조를 연구하는 학문이에요. 만물은 원자로 이루어져 있고, 원자들이 배열된 방식으로 그 물질의 특성이 결정돼요. 그런 면에서 화학은 요리와 비슷해요. 다양한 재료들에 열을 가하고 식힘으로써 다른 음식을 만들어 내는 것처럼요. 그리고 물과 같은 재료들은 고체, 액체, 기체처럼 다른 방식으로도 사용될 수 있어요.

### 현실 속 과학

**하늘의 빛**

플라스마는 전하를 띤 기체 상태를 말해요. 태양으로부터 온 플라스마가 지구의 상층 대기권과 만나면 하늘에 아름다운 장관을 연출하지요. 극지방에서 일어나는 이러한 현상을 '북극광', '남극광'이라고 불러요. 오로라라고도 하지요.

수증기처럼 기체 상태에서는 입자들이 멀리 떨어지면서 빠르게 움직여요. 그래서 수증기가 멀리 퍼지는 거예요.

물을 끓이면 물 입자들이 빠르게 움직여서 수증기로 변해요.

액체 상태에서 물 분자는 자유롭게 움직여요. 그래서 물이 쉽게 흐르는 거예요.

물을 얼리면 고체 상태의 얼음이 돼요. 고체 상태의 분자는 서로 딱 붙어서 모양을 잡아 줘요.

온도가 바뀌면 물질의 상태도 달라져요.

## 일상생활에서의 화학

화학 덕분에 우리는 일상생활에 유용하고 중요한 새로운 물질들을 많이 만들 수 있어요. 그리고, 생물체의 생리 기능에 대해서도 이해할 수 있게 되었죠. 사실 우리가 생명을 유지하기 위해 음식을 소화하고 근육을 만드는 등 우리 몸에서 일어나는 일들은 모두 화학적 변화와 반응에 따른 것이에요.

과학자들은 화학 재료가 서로 섞일 때 어떤 일이 일어나는지 이해함으로써 효과적인 신약을 개발해요.

화학자들은 여러 재료들의 성질을 연구해요. 예를 들어, 단단한 정도 같은 특징을 살펴요. 다이아몬드는 지구상에 존재하는 천연 광물 중 가장 단단해요.

최초의 플라스틱은 100여 년 전에 실험실에서 만들어졌어요. 플라스틱은 원유와 천연가스 같은 천연 재료로 만들어요.

헬륨 가스를 가득 채운 파티용 풍선은 공중에 떠요. 이것은 공기를 이루는 주요 가스인 질소와 산소보다 헬륨이 훨씬 가볍기 때문이에요.

불은 화학 반응이에요. 물은 그 반응을 멈출 수 있어요. 불이 난 곳에 물을 뿌리면 물이 끓으면서 증기로 변하고, 공기 중으로 떠오르면서 열기를 빼앗아요.

## 도대체 원소가 무엇인가요?

원소는 한 종류의 원자로만 이루어진 순수한 물질을 말해요. 모두 118종류의 원소가 있는데, 각각 다른 특성을 가져요. 원소의 원자가 같은 종류든 다른 종류든 서로 결합하면 분자가 돼요.

물 분자($H_2O$)는 두 개의 수소 원자와 한 개의 산소 원자로 이루어져 있어요.

원자들 사이에 서로 잡아당기는 힘을 '화학 결합'이라고 해요.

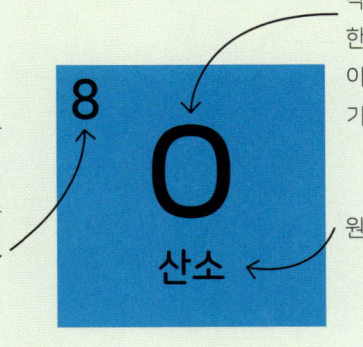

각각의 원소는 한 글자 또는 두 글자로 이루어진 고유의 기호로 나타내요.

모든 원소에는 각각 원소 번호가 있는데, 이것은 원자핵에 있는 양성자 개수를 뜻해요.

원소 이름

**1** 고대 이집트에서는 수술 전에 의사가 환자의 팔이나 다리에 있는 동맥을 꾹 누르곤 했어요. 수술할 부위의 감각을 무디게 해서 환자가 고통을 느끼지 않도록 하는 거예요. 1700년대 유럽에서는 일부 의사들이 환자를 안심시키기 위해 최면술을 사용하기도 했지만 별로 효과는 없었어요.

**2** 1800년대까지, 환자들은 수술하는 동안 깨어 있었어요. 의사가 가능한 빨리 처치를 하는 동안 환자가 몸부림치지 못하도록 옆에서 잡고 있어야만 했어요. 대부분의 경우, 이 작전은 환자의 상태를 원래보다 더 심각하게 만들곤 했어요.

# 통증을 없애는 법

19세기 이전까지만 해도 수술은 소름 끼치도록 아주 고통스러운 일이었어요. 의사가 팔다리를 칼로 헤집거나 상처를 꿰맬 때, 의료진들은 극도의 고통을 느끼는 환자의 주의를 분산시키기 위해 애를 썼어요. 그러다 1800년대 초기에 과학자들은 다양한 종류의 가스를 흡입하여 환자의 감각을 무디게 하는 방법을 실험하기 시작했어요. 이 방법은 환자들을 안심시키고 의사와 의료진이 수술에만 집중해 환자를 치료할 수 있도록, 의료계에 돌파구를 마련해 주었어요.

**3** 1846년 미국의 치과 의사 윌리엄 모턴은 '에테르'라는 마취용 가스를 수술 전에 환자가 흡입하도록 했어요. 환자가 가스를 마시고 잠이 든 사이, 의사가 목에 있던 종양의 일부를 제거했어요. 수술 후 마취에서 깬 환자는 목이 조금 따끔했을 뿐이라고 말했어요. 에테르 사용은 성공적이었고, 곧 수술에 마취약이 보편적으로 사용되기 시작했어요.

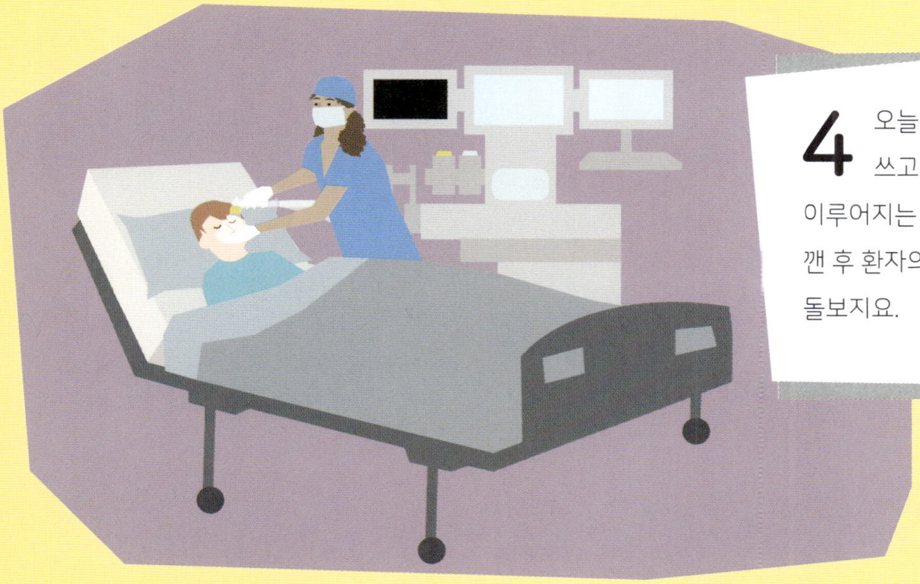

**4** 오늘날에는 다양한 종류의 마취약을 쓰고 있어요. 마취 전문의가 수술이 이루어지는 동안 환자를 관찰하고 마취가 깬 후 환자의 통증을 최소화할 수 있도록 돌보지요.

# 통증이란 무엇인가요?

통증은 우리 몸의 어딘가가 잘못되었다는 걸 알리는 경고 장치예요. 우리가 통증을 느끼는 것은 '통각 수용기'라는 특별한 신경 세포에서 감각을 느끼기 때문이에요. 이 신경 세포는 화학 물질을 내보내서 통증을 줄일 수 있는 무언가가 필요하다는 신호를 신경 조직을 통해 뇌로 보내요.

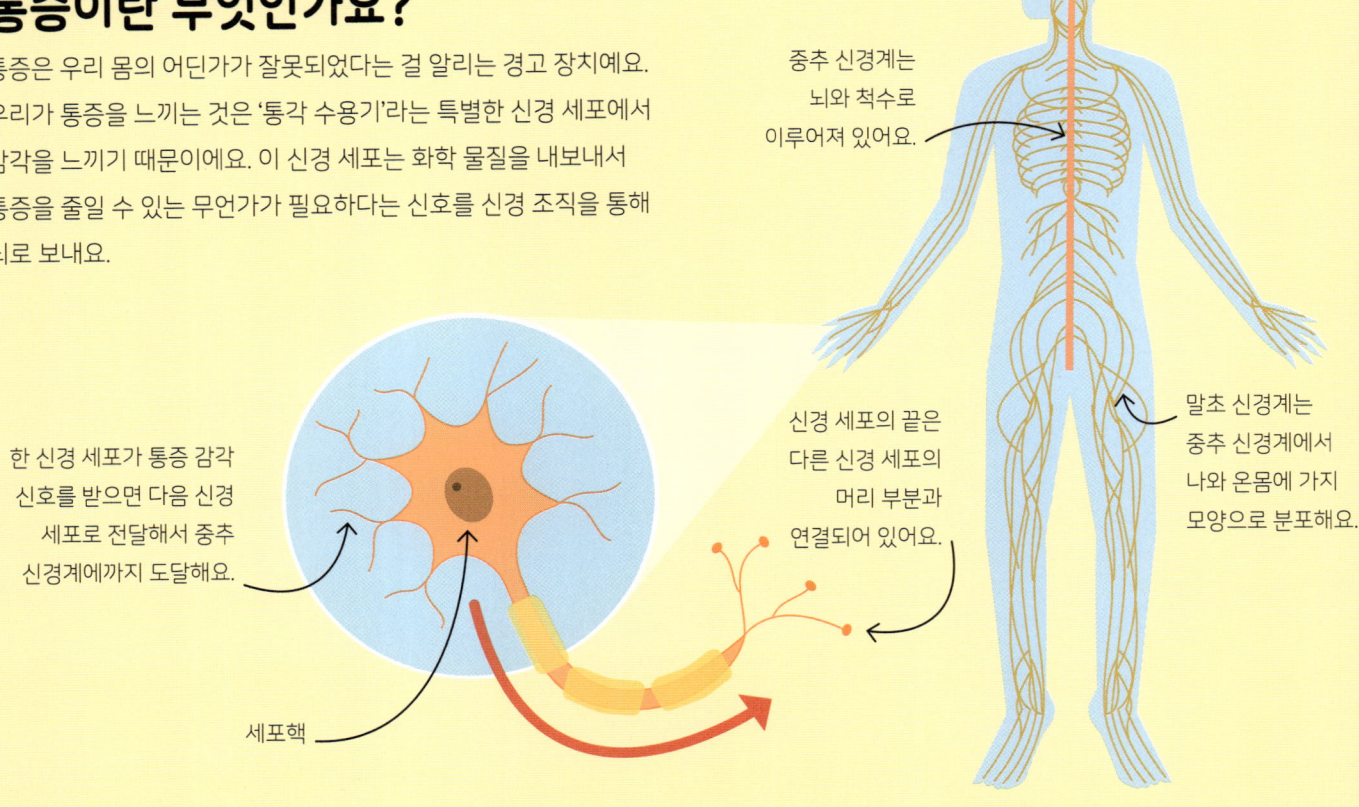

중추 신경계는 뇌와 척수로 이루어져 있어요.

한 신경 세포가 통증 감각 신호를 받으면 다음 신경 세포로 전달해서 중추 신경계에까지 도달해요.

신경 세포의 끝은 다른 신경 세포의 머리 부분과 연결되어 있어요.

말초 신경계는 중추 신경계에서 나와 온몸에 가지 모양으로 분포해요.

세포핵

# 마취의 원리

마취는 신체 일부의 감각을 무디게 하거나(국소 마취), 일정 시간 동안 완전히 잠들게 할 수도 있어요(전신 마취). 마취가 풀리면 신경 신호가 뇌에 도달할 수 있어, 환자는 의식이 돌아오고 다시 감각을 느낄 수 있어요.

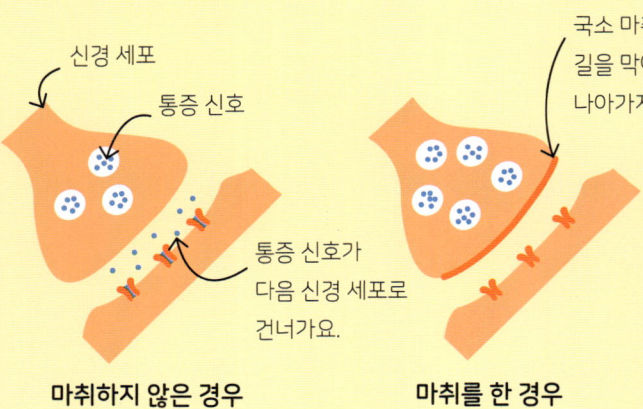

신경 세포
통증 신호
통증 신호가 다음 신경 세포로 건너가요.
마취하지 않은 경우
국소 마취는 통증 신호의 길을 막아서 신호가 더 이상 나아가지 못해요.
마취를 한 경우

뇌의 여러 부위들이 신호를 여기저기 보내어 서로 '대화'를 해요.

전신 마취는 뇌가 신호를 보내고 받는 것을 늦추어요.

마취하지 않은 경우        마취를 한 경우

## 국소 마취
신경 세포와 다음 신경 세포 사이에 작은 틈이 있는데, 통증 신호가 여기를 건너야만 통증을 느낄 수 있어요. 국소 마취는 이 과정이 일어나지 않도록 막아요.

## 전신 마취
환자는 전신 마취 상태에서 모든 의식을 잃게 돼요. 과학자들도 왜 이런 일이 일어나는지 정확하게 알지 못하지만 아마도 뇌의 신호를 진정시키는 것과 관련이 있을 것으로 생각하고 있어요.

# 수술하는 동안 일어나는 일

마취 전문의는 환자를 마취시키는 일을 전문으로 하는 의사예요. 환자가 수술하는 동안 잠에서 깨어나지 않도록 적정한 양의 마취약을 투여하지요. 전신 마취시 마취 전문의는 환자 곁에 머물면서 환자의 심장 박동수, 산소량, 그리고 다른 활력 징후들이 정상적인지 확인해요.

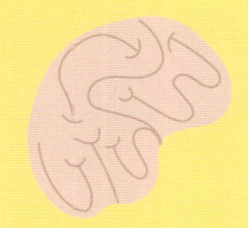

뇌는 진정되어 통증에 반응하는 것을 멈추어요. 잠에서 깨어나면 마치 잠깐 잠들었던 것 같은 느낌이 들어요.

전신 마취에는 근육 이완제가 포함되어 있어요. 근육의 긴장을 완전히 풀어서 수술하는 동안 감각에 반응하지 않도록 해요.

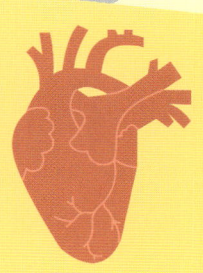

심장 박동수가 일정한 수치를 유지하여 피가 정상적인 속도로 순환하고 있는지 계속 지켜봐요.

---

# 치과에 가기

치과 의사는 치료의 필요에 따라 전신 마취나 국소 마취를 하는데, 때로는 '웃음 가스'를 사용하기도 해요. 가스를 산소와 함께 흡입하면 대부분의 사람들은 훨씬 편안함을 느끼는데, 때로는 조금은 바보 같아지기도 해요!

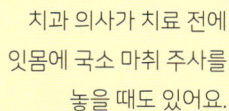

치과 의사가 치료 전에 잇몸에 국소 마취 주사를 놓을 때도 있어요.

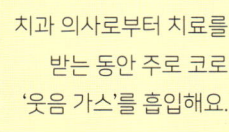

치과 의사로부터 치료를 받는 동안 주로 코로 '웃음 가스'를 흡입해요.

## 현실 속 과학

### 백세 시대

마취학은 의료 서비스에 혁명을 가져온 가장 큰 발전 중의 하나예요. 이제는 사람들이 의료 서비스를 잘 받아서 80세나 그 이상까지 오래 살 수 있고, 삶의 질도 좋아졌어요.

67

# 금을 만드는 법

고대의 학자들은 1000년도 넘는 시간 동안 '현자의 돌(쓸모 없는 금속을 값진 금으로 바꾸는 힘이 있다는 상상의 물질)'을 찾아다녔어요. 현자의 돌을 찾는 것은 실패했지만, 학자들의 노력이 헛되지는 않았어요. 페르시아의 과학자 자비르 이븐 하이얀은 금을 찾아다니는 동안 기발한 발명품과 실험 방법을 많이 고안해 냈는데, 그것들은 현재까지도 실험실에서 쓰이고 있어요.

**1** 수 세기 동안 연금술사들(마법을 믿던 초기의 과학자들)은 납과 같은 '비금속'을 금이나 은과 같은 '귀금속'으로 변환시키려고 노력했어요. 연금술사들은 금을 만들 수는 없다는 사실을 전혀 알지 못했어요.

이븐 하이얀은 유황과 수은을 결합하면 어떤 금속이라도, 심지어 금도 만들 수 있다고 생각했어요.

**2** 초기의 학자들과는 달리 이븐 하이얀은 답은 실험에 있다고 생각했어요. 이븐 하이얀은 수없이 많은 실험을 했고 새로운 화학 물질과 기술을 발견했으며, 그 결과들을 모두 빠짐없이 기록했어요.

# 과학적 방법

이븐 하이얀은 과학에서 마법을 떼어내고 대신 실험을 통해 사물의 원리를 발견하도록 이끌었어요. 실험은 우리가 소위 말하는 과학적 방법의 핵심이에요. 과학적 방법이란 과학자들이 발상을 떠올리고 그 발상이 맞는지 확인하는 단계적인 과정을 말해요. 과학적 방법이 없었다면 오늘날 우리가 알고 있는 지식이나 과학이 존재하지 않았을 거예요.

## 현실 속 과학

### 행운

과학의 역사상 수많은 발견이 아주 우연히 이루어졌어요. 이러한 행운은 생명을 구하고 세상을 변화시켜 왔어요. 그러나 이것이 순전히 행운 덕분이었을까요? 아니면 과학적 방법을 따르던 사람이 바로 그 시각에 그 장소에 있었기 때문이었을까요?

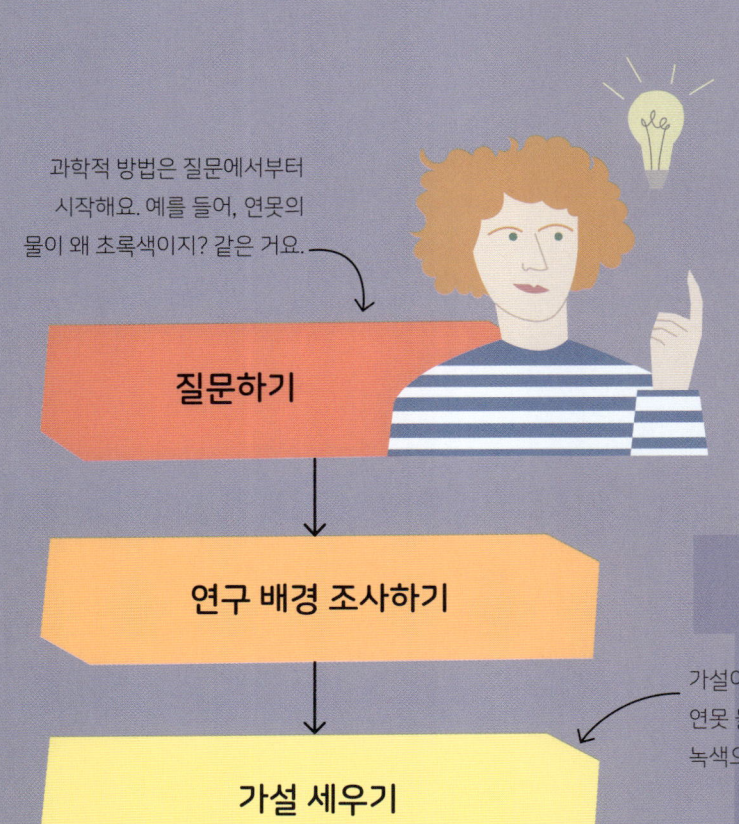

과학적 방법은 질문에서부터 시작해요. 예를 들어, 연못의 물이 왜 초록색이지? 같은 거죠.

**질문하기**

**연구 배경 조사하기**

가설이란 그럴 법한 설명이에요. 아마도 연못 물에 미세 식물이 살고 있기 때문에 녹색으로 보이는 걸 거예요.

**가설 세우기**

실험은 자료(정보)를 모아서 가설을 확인하는 것을 말해요.

때로는 잘못된 실험 도구나 방법 때문에 실험에 실패하기도 해요.

**실험으로 확인하기** → **실험 방법이 옳은가?** → **네** / **아니오**

**결함 파악하기. 모든 단계와 과정을 세심하게 확인한다.**

## 한번 해 볼까요?
### 과학자 되기

여러분이 알고 싶은 질문을 생각해 봐요. 그리고 과학적 방법에 따라 그 질문에 대한 답을 찾아봐요. 다음 중 어느 물체가 물에 뜨는지 알 수 있나요? 어떤 물체가 물에 뜨는지 예측하는 가설을 세울 수 있나요?

### 이거 알아요?

**불로장생 약**

고대 연금술사들은 현자의 돌을 갈아서 가루로 만들 수 있다고 생각했어요. 그 빨간색 가루는 어떤 질병도 치료할 수 있고, 심지어 영원히 죽지 않는 불멸의 삶을 줄 수 있다고 믿었어요. 이것을 아랍어로 '알익시르' 또는 '엘릭서'라고 불렀어요. 다른 지역에서는 불로장생 약으로 알려졌지요.

---

실험으로 얻은 자료를 새로운 연구 배경 정보로 이용하기.
새로운 질문을 하고,
새로운 가설을 만들고,
다시 실험으로 확인한다!

과학자들은 자료에서 규칙성을 찾을 때 그래프와 차트를 사용해요.

**자료 분석 후 결론 도출하기**

- 결과가 가설을 뒷받침한다.
- 결과가 부분적으로만 맞거나 가설과 전혀 맞지 않다.

과학자들은 자신의 실험을 다른 과학자들이 읽고 따라 할 수 있도록 논문을 써요.

**결과 공유하기**

# 미래를 예측하는 법

우리의 몸, 지구, 그리고 우주에 존재하는 모든 것은 '원자'라는 물질의 작은 구성 요소로 이루어져 있어요. 원자는 모두 118종류가 있고, 각각의 종류를 화학 원소라고 해요. 모든 원소를 원자 크기 순서대로 나열하면 반복적인 규칙성을 보이는데, 이것을 표로 정리한 것이 주기율표예요. 1869년에 만들어진 주기율표는 화학 역사상 가장 큰 성과 중 하나라고 할 수 있어요.

**1** 1860년대까지 화학자들은 60여 가지의 원소를 발견하여 이름을 붙였어요. 심지어 각각의 원소를 가장 가벼운 수소와 비교해 상대적인 원자 무게가 얼마인지도 계산했어요. 그러던 중, 러시아의 천재 화학자 드미트리 멘델레예프가 숫자들 사이에 숨겨진 규칙성을 알아차렸어요.

**2** 멘델레예프가 말하길 자신의 발견은 꿈 덕분이라고 했어요. 멘델레예프는 꿈에 원소들이 원자의 무게 순서로 놓여 있는 것을 보았대요. 원소가 표의 형태로 늘어섰고, 화학적 성질이 비슷한 원소들이 세로열을 따라 놓여 있었다고 하지요.

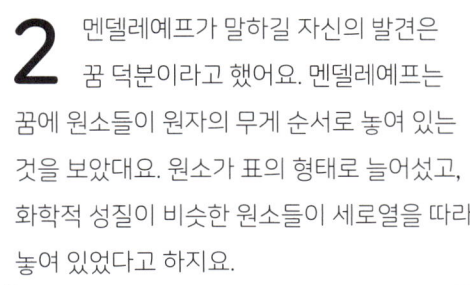

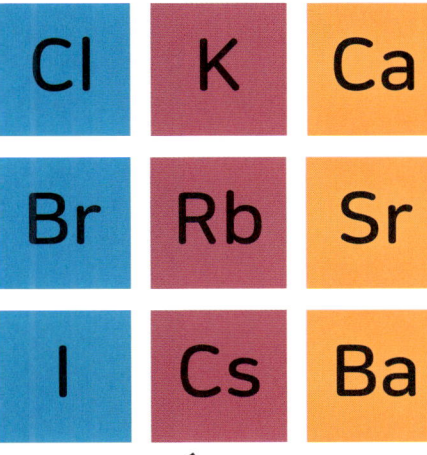

멘델레예프는 원소들 일부가 원자의 무게순으로 나열되어 있는 꿈을 꾸었어요.

멘델레예프는 표를 만들 때 아직 발견되지 않은 원소들의 자리에 선을 그어 놓았어요.

| H | | | | | | |
|---|---|---|---|---|---|---|
| Li | Be | B | C | N | O | F |
| Na | Mg | Al | Si | P | S | Cl |
| K | Ca | — | Ti | V | Cr | Mn | Fe Co |
| (Cu) | Zn | — | — | As | Se | Br | Ni Cu |
| Rb | Sr | ?Yt | Zr | Nb | Mo | — | Ru Rh |
| | | | | | | | Pd Ag |
| | Cd | In | Sn | Sb | Te | J | |
| | Ba | ?Di | ?Ce | — | — | — | |
| | | | | | | | Os Ir |
| | | | | | | | Pt Au |
| Au | | | | | | | — |
| — | | | | | | | — |

**3** 표는 중간중간에 공백이 있을 때에만 규칙성을 보였어요. 멘델레예프는 공백이 아직 발견되지 않은 원소들의 자리라고 생각하고 그 성질을 예측했어요. 수년 후, 세 가지 원소가 새로 발견되었고 멘델레예프의 주장이 옳았음이 증명됐어요.

## 모든 것의 성분들

멘델레예프의 시대 이후 많은 새로운 원소들이 발견되었고, 그것이 오늘날의 118개 원소가 되었어요. 주기율표는 과학자들이 새로운 원소를 찾는 데 도움을 주었을 뿐 아니라, 원자의 구조를 알아내는 데에도 도움을 주었어요. 즉, 원자가 양성자, 중성자, 전자라고 불리는 더 작은 입자들로 이루어져 있다는 것 말이에요. 현대의 주기율표는 원자의 무게가 아닌 원자 내 양성자 개수 순으로 나열되어 있어요. 같은 열에 있는 원소들은 비슷한 화학적 성질을 띠는데, 이것은 다른 원자와 결합할 수 있는 바깥쪽 전자의 수가 같기 때문이에요.

첫 번째 열에 있는 원소들은 모두 최외각 껍질에 전자가 한 개 있어요.

## 귀한 금속

금, 은, 구리는 순물질 형태로 자연에서 발견되는 몇 안 되는 원소들이에요. 그 결과, 이 금속들은 수백 년 동안 사용되었어요. 금과 은은 아름다운 색깔과 빛 때문에 보석으로, 구리는 모양을 만들기 쉽고 단단하기 때문에 기구나 동전으로 사용되었지요. 그리고 은은 세균을 죽이는 성질 때문에 음식을 운반하거나 저장하는 데 유용하게 쓰여요. 사람들은 심지어 물이나 우유를 신선하게 보관하기 위해 은 동전을 통 안에 넣어 놓기도 했어요.

파란색 부분은 비금속을 나타내요.
다른 모든 원소들은 금속이거나
금속성을 띠고 있어요.

## 주기

가로 행은 주기라고 불러요. 같은 주기에 있는 원소들은 모두 원자를 이루는 전자 껍질의 개수가 같아요.

| | 2 He 헬륨 |
|---|---|

오늘날의 주기율표는 원소들을 원자 번호(원자핵에 있는 양성자의 개수)로 나타내요.

| 5 B 붕소 | 6 C 탄소 | 7 N 질소 | 8 O 산소 | 9 F 플루오린 | 10 Ne 네온 |
| 13 Al 알루미늄 | 14 Si 규소 | 15 P 인 | 16 S 황 | 17 Cl 염소 | 18 Ar 아르곤 |

| 29 Cu 구리 | 30 Zn 아연 | 31 Ga 갈륨 | 32 Ge 저마늄 | 33 As 비소 | 34 Se 셀레늄 | 35 Br 브로민 | 36 Kr 크립톤 |
| 47 Ag 은 | 48 Cd 카드뮴 | 49 In 인듐 | 50 Sn 주석 | 51 Sb 안티모니 | 52 Te 텔루륨 | 53 I 아이오딘 | 54 Xe 제논 |
| 79 Au 금 | 80 Hg 수은 | 81 Tl 탈륨 | 82 Pb 납 | 83 Bi 비스무트 | 84 Po 폴로늄 | 85 At 아스타틴 | 86 Rn 라돈 |
| 111 Rg 뢴트게늄 | 112 Cn 코페르니슘 | 113 Nh 니호늄 | 114 Fl 플레로븀 | 115 Mc 모스코븀 | 116 Lv 리버모륨 | 117 Ts 테네신 | 118 Og 오가네손 |

| 64 Gd 가돌리늄 | 65 Tb 터븀 | 66 Dy 디스프로슘 | 67 Ho 홀뮴 | 68 Er 어븀 | 69 Tm 툴륨 | 70 Yb 이터븀 | 71 Lu 루테튬 |
| 96 Cm 퀴륨 | 97 Bk 버클륨 | 98 Cf 캘리포늄 | 99 Es 아인슈타이늄 | 100 Fm 페르뮴 | 101 Md 멘델레븀 | 102 No 노벨륨 | 103 Lr 로렌슘 |

주기는 왼쪽에서 오른쪽으로 읽어요.

## 족

세로 열은 족이라고 불러요. 같은 족에 있는 원소들은 모두 최외각 껍질의 전자 개수가 같아서 비슷한 화학적 성질을 띠어요.

족은 위에서 아래로 읽어요.

## 종류

 비금속

 알칼리 금속

 알칼리 토금속

 전이 금속

 준금속

 전이 후 금속

 희토류와 악티니드 금속

### 현실 속 과학

**헬륨**

두 번째로 가벼운 원소인 헬륨은 색이 없고, 냄새가 나지 않으며, 공기보다 가볍기 때문에 풍선 안을 채우기에 적합해요. 그리고 두 번째로 잘 반응하지 않는 원소이기 때문에 안전하지요. 수소는 더 가볍지만 매우 쉽게 불이 붙어요.

# 하늘에 불을 밝히는 법

귀청이 터질 듯한 펑 소리와 반짝이는 불빛의 불꽃놀이는 매우 빠른 화학 반응에 의해 에너지가 방출되면서 일어나요. 최초의 폭죽은 고대 중국에서 우연히 화약을 발견한 직후 만들어졌어요. 이 발견은 세상에 불빛과 소리의 쇼만 가능하게 해 준 것이 아니라 총, 대포, 로켓, 폭탄 등 전쟁의 모습도 완전히 바꾸어 놓았어요.

**1** 천여 년 전 중국의 연금술사들은 불멸의 삶을 가능하게 할 묘약을 찾고 있었어요. 연금술사들은 생각할 수 있는 모든 방법으로 화학 물질을 섞어 실험을 했어요.

**2** 어느 불행한 연금술사가 숯과 황, 질산 포타슘을 섞은 후 열을 가했어요. 그 혼합물은 폭발했고 연금술사의 집은 불타 버렸어요. 화약을 발견한 것이에요!

이 세 가지 성분으로 화약을 만들어요.

질산 포타슘 　 숯 　 황

## 과학 이해하기
### 화학 반응

화학 물질이 반응할 때, 분자들이 나누어지고 원자들이 재배열되어 새로운 분자를 만들어요. 철에 녹이 스는 것처럼 천천히 일어나는 화학 반응도 있고, 순식간에 일어나는 화학 반응도 있어요. 불꽃놀이는 빠르게 일어날 뿐만 아니라 엄청난 양의 에너지를 방출하는 화학 반응이에요. 갑작스러운 에너지 방출은 가스의 빠른 팽창, 즉 폭발을 일으켜요.

반응을 하는 화학 물질을 반응 물질이라고 불러요.

화학 반응

화학 반응에 의해 만들어진 화학 물질을 생성 물질이라고 불러요.

**3** 누가 폭죽을 맨 처음 만들었는지는 정확하게 알려지지 않았어요. 일설에 따르면 '리 티안'이라는 장인이 화약을 넣은 대나무 통을 불에 던지자 펑 하는 소리와 함께 불꽃이 튀었다고 해요.

화약을 점화하기 위해서는 불의 열기가 필요해요.

**4** 머지않아 불꽃놀이는 축제에서 널리 쓰였어요. 사람들은 폭죽을 화살에 얹어서 로켓처럼 만들어 하늘로 쏘아 올렸어요. 시간이 지나면서 폭발은 점점 더 커지고, 더 밝아지고, 더 시끄러워졌으며 더 화려해졌어요.

### 화학 에너지

모든 분자에는 원자들 사이의 결합에 의해 저장된 에너지가 있어요. 화학 반응이 일어나면 이러한 에너지 중 일부가 열이나 빛, 또는 소리로 빠져나와요. 양초를 태울 때처럼 에너지를 방출하는 화학 반응을 발열 반응이라고 해요. 에너지를 흡수하는 화학 반응은 흡열 반응이에요.

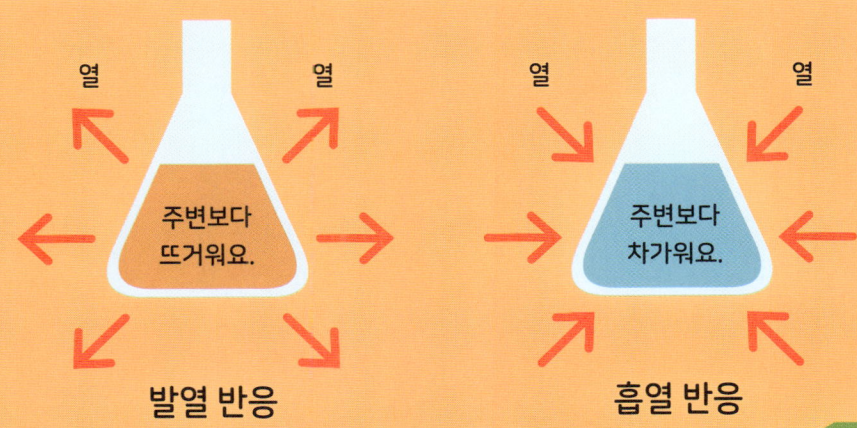

열 | 열 | 열 | 열
주변보다 뜨거워요. | 주변보다 차가워요.
발열 반응 | 흡열 반응

## 불꽃놀이의 원리

현대의 로켓형 폭죽은 주로 화약이 두 칸으로 이루어져 있어요. 하나는 폭죽을 발사하는 용도이고 다른 하나는 아름다운 모양을 만들기 위한 화약이지요. 좀 더 복잡한 불꽃놀이는 작은 폭죽들을 가득 넣은 폭죽을 각기 다른 방향으로 쏘아 정교하게 계산된 순서대로 폭발하여 만들어요.

로켓형 폭죽이 제트 전투기의 속도에 가깝게 날아가요.

도화선의 끝 부분이 타는 데는 3초에서 9초가 걸려요.

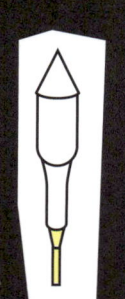

**1** 로켓형 폭죽에서 가장 먼저 불이 붙는 곳은 도화선이에요. 도화선은 천천히 타면서 시간을 끌어 폭죽에 안전하게 불을 붙이고 폭죽의 다른 부분에도 불이 붙을 수 있도록 제어해요.

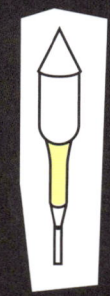

**2** 그다음에는 로켓 밑단에 채워진 화약에 불이 붙어요. 화약이 폭발하면서 아래로 뜨거운 가스를 내뿜고 로켓은 엄청난 속도로 위로 솟아오르지요.

## 연소는 무엇인가요?

불꽃놀이는 연소(불이 타는 것)라고 불리는 화학 반응에 의해 일어나요. 연소가 되려면 연료, 연료와 반응할 산소, 그리고 반응을 시작할 열원 이렇게 세 가지가 필요해요. 대부분의 연소 반응에서는 공기로부터 산소를 얻어요. 그러나 화약과 같은 폭발물은 산소를 화학적으로 방출하는 화학 물질을 함유하고 있어서 반응이 더 빠르게 일어나요.

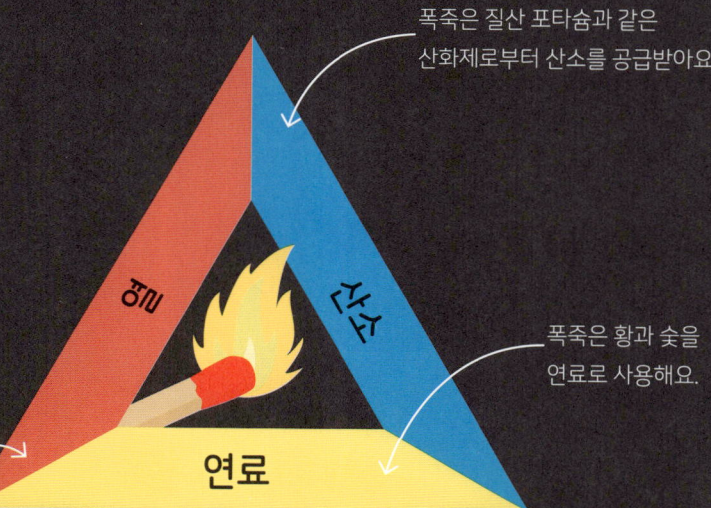

폭죽은 질산 포타슘과 같은 산화제로부터 산소를 공급받아요.

폭죽은 황과 숯을 연료로 사용해요.

연소 반응을 시작하기 위해서 열원이 필요해요.

별들이 모여 있는 방식에 따라 하늘에서 만들어지는 불꽃놀이의 모양이 달라져요.

### 현실 속 과학

#### 다이너마이트

폭발물은 산을 가로지르는 길을 뚫거나 건물을 부수고, 광산을 발굴하거나 통제된 상태에서 고의로 눈사태를 일으킬 때 사용해요. 다이너마이트는 가장 흔한 폭발물 중 하나로 스웨덴의 화학자 알프레드 노벨이 화약을 대신할 좀 더 안전한 대체물로써 발명했어요. 노벨은 폭발물로 벌어들인 큰 돈으로 노벨상을 만들었어요.

**3** 마지막으로, 로켓의 상단부에 불이 붙어요. 이곳에는 '별'이라고 부르는 수십 개의 작은 화약탄들이 들어 있어요. 화약탄은 불이 붙으면 밖으로 터지면서 각양각색의 빛줄기와 함께 쾅 하는 폭발음과 탁탁탁 하는 소리를 내요.

## 색!

불꽃놀이는 화약에 다양한 금속 혼합물을 섞어 멋진 색을 만들어요. 금속 원자가 열을 받으면, '들뜬' 상태가 되는데, 이것은 전자가 높은 에너지 상태로 이동하는 것을 말해요. 전자는 빛의 형태로 에너지를 방출하면서 다시 낮은 에너지 상태로 돌아와요. 빛의 색깔은 불꽃놀이에 사용된 금속의 종류에 따라 달라져요. 예를 들어, 마그네슘은 흰색 빛을 만들어요.

마그네슘

구리

스트론튬

바륨

소듐

칼슘

# 플라스틱을 만드는 법

플라스틱은 오늘날 쓰이지 않는 곳이 없을 정도로 매우 유용한 물질이에요. 음식 포장재와 같이 우리가 잘 알고 있는 플라스틱 용품뿐만 아니라, 옷이나 페인트와 같이 생각조차 못한 많은 곳에도 쓰이고 있어요. 플라스틱은 화학 구조가 실크나 고무와 같은 천연 재료와 일부분이 비슷해요. 플라스틱은 벨기에 과학자가 만든 발명품이에요.

**1** 20세기 초반, 사람들은 전기를 점점 더 많이 사용했어요. 그렇기 때문에 전선은 더 안전하고 효과적으로 절연되어야 했어요. 제조업체들은 '셸락'이라고 불리는 값비싼 물질을 절연체로 사용했어요.

셸락은 '락깍지벌레'라는 곤충 암컷으로 만드는 천연 물질이에요.

셸락은 플라스틱과 비슷한 형태로 에탄올에 녹이면 액체가 돼요.

전선을 액체 셸락에 담가 절연 처리를 해요.

**2** 미국에서 '리오 헨드릭 베이클랜드'라는 화학자가 셸락의 합성물을 대량으로 만들기 위해 화학 물질로 실험을 시작했어요.

베이클랜드는 압력솥과 비슷한 '베이크라이저'라는 기구도 발명했어요.

포름알데하이드

페놀

**3** 포름알데하이드와 페놀을 섞고, 베이크라이저에서 온도와 압력을 조심스럽게 조절하자, 세계 최초의 합성 고분자 플라스틱이 만들어졌어요.

**4** 베이클랜드는 튼튼하고 가벼운 이 물질을 '베이클라이트'라고 이름 붙였어요. 베이클라이트는 전선의 절연에도 유용하고 가공이 쉬워 수십여 가지 물건을 만드는 데 쓰였어요.

전화기  헤어드라이어  장신구  체스 말  라디오  카메라  선풍기

## 과학 이해하기
# 고분자

셀락과 베이클라이트는 둘 다 고분자로 이루어진 물질이에요. '고분자'란 작은 분자들이 반복적인 규칙성을 띠며 길게 모여 있는 것을 말해요. 이 작은 분자들을 '단위체'라고 불러요. 단위체는 마치 집짓기 블록처럼 쓰여요. 에텐 단위체로 예를 들어 볼까요.

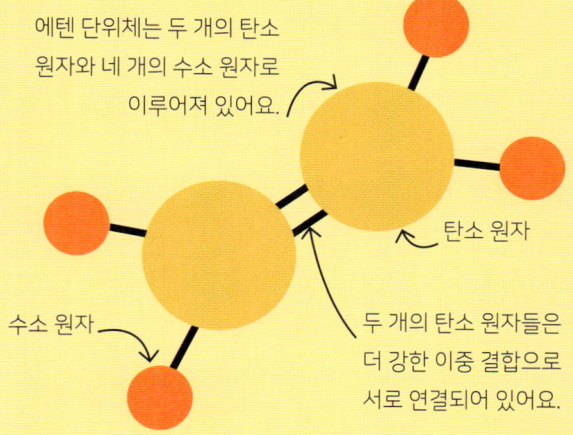

에텐 단위체는 두 개의 탄소 원자와 네 개의 수소 원자로 이루어져 있어요.

탄소 원자

수소 원자

두 개의 탄소 원자들은 더 강한 이중 결합으로 서로 연결되어 있어요.

탄소 분자 짝 사이의 이중 결합이 깨지면, 중합 반응 과정에서 에텐 단위체가 서로 결합해 띠를 만들어요. 이것이 고분자예요.

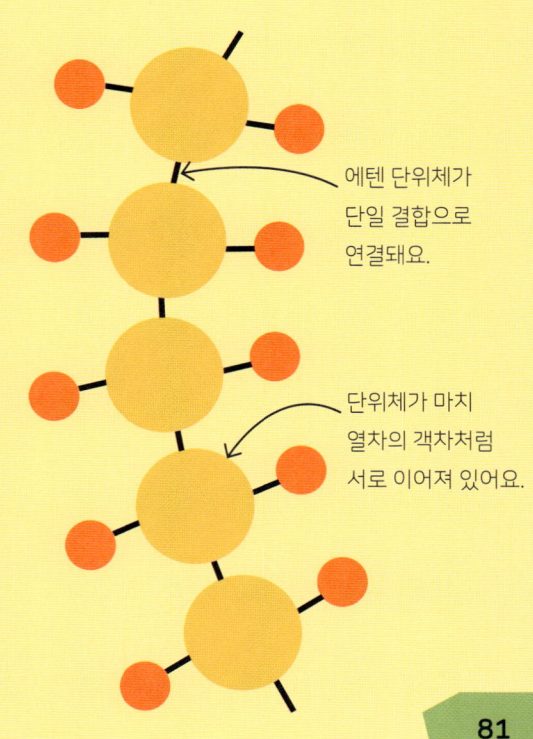

에텐 단위체가 단일 결합으로 연결돼요.

단위체가 마치 열차의 객차처럼 서로 이어져 있어요.

## 천연 고분자

플라스틱은 고분자의 한 종류일 뿐이에요. 자연에도 고분자로 이루어진 물질이 수도 없이 많아요. 실크는 누에나방의 유충이 만든 천연 고분자예요. 고무는 고무나무에서 나오는 수액으로 만들어요. 식물 세포벽의 구성 물질인 섬유소는 종이를 만드는 데 사용돼요. 녹말은 우리가 주로 먹는 쌀이나 감자에 들어 있는 탄수화물이에요.

섬유소

녹말

고무

실크

## 합성 고분자

합성 고분자는 사람이 화학 물질을 인공적으로 합성하여 만든 물질로, 다른 종류의 화학 물질을 사용하면 다양한 종류와 다양한 용도의 플라스틱을 만들 수 있어요. 플라스틱은 가공이 매우 쉬워서 다방면에서 우리 생활을 편리하게 만들었어요. 플라스틱은 전선의 절연체로 쓰일 정도로 부드러울 수도 있고, 건축 현장에서 보호 장비로 쓰일 정도로 단단할 수도 있어요. 그리고 플라스틱은 값이 싸고 위생적이어서 병원에서 매일 생명을 구하는 데에도 쓰여요.

### 폴리스티렌
이 가벼운 플라스틱은 포장재나 단열재, 컵과 통, 천장 타일 등에 쓰여요.

### 폴리에틸렌(폴리텐)
플라스틱 가방이나, 물병, 음식 포장지, 장난감, 단열재에 쓰여요.

### 폴리염화비닐(PVC)
PVC는 파이프, 홈통, 전기 절연체, 바닥재, 심지어 옷에도 쓰여요.

### 나일론
나일론은 옷, 카펫, 플라스틱 밧줄, 기계 부품을 만드는 데 쓰이는 인조 섬유예요.

### 아크릴 수지와 섬유
페인트, 손톱 광택제, 옷을 만들기 위한 인조 섬유에 쓰여요.

### 이거 알아요?

#### 탈 플라스틱

이제 플라스틱을 너무 많이 사용해서 문제예요. 플라스틱은 썩는 데 수백 년이 걸려요. 과학자들은 우리가 사용하는 플라스틱들을 새로운 물질로 대체하는 방법을 찾고 있어요. 예를 들어, 버섯 균사를 이용한 포장재라던가 플라스틱 가방을 생선 비늘이나 조류*로 만든 대체품으로 바꾸려고 노력 중이에요.

*해조류나 담수 조류같이 주로 물에서 독립 영양 생활을 하는 생물.

### 현실 속 과학

#### 오염을 줄이는 법

2016년 일본의 과학자들이 플라스틱 오염을 방지할 수 있는 박테리아 종류를 발견했어요. 이 게걸스러운 박테리아는 플라스틱의 분자 결합을 끊어 내어 6주 안에 플라스틱을 분해할 수 있는 효소(화학 반응을 일으키는 물질)를 갖고 있어요.

### 폴리우레탄(PUR)

포장용 완충재, 페인트, 광택제, 운동복, 부엌용 스펀지에 쓰여요.

### 폴리메틸 메타크릴레이트 (PMMA)

유리의 대체물이에요. 종종 '플렉시 글라스'라고 불러요.

### 폴리테트라플루오로에틸렌 (PTFE)

방수복이나 기계 베어링, 들러붙지 않는 코팅 냄비나 팬에 사용해요.

### 케블라

방탄조끼와 같이 고강도 물질을 만드는 데 사용해요.

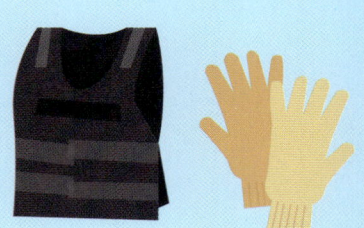

### 폴리에스테르(폴리에틸렌 테레프탈레이트, PET)

섬유 유리, 옷을 만드는 인조 섬유, 사진용 필름에 사용해요.

# 호기심 많은 화학자들

채굴부터 금속 세공까지 사람들은 우리 주변에 있는 물질을 사용할 수 있는 방법을 찾기 위해 끊임없이 실험해 왔어요. 화학의 근원은 과학과 마법을 결합하여 평범한 금속을 금으로 바꾸려 시도했던 연금술이었어요. 현대 화학은 18세기에 시작했고, 많은 똑똑한 과학자들 덕분에 눈부신 도약을 이루었어요.

## 4대 원소

고대 그리스인들은 우주 만물이 네 가지 원소로 이루어져 있다고 믿었는데, 이 생각은 2,000여 년이 넘는 시간 동안 과학적 사고에 영향을 미쳤어요. 네 가지 원소란 물, 공기, 불, 흙을 말해요.

기원전 450년경

서기 1세기경

기원전 3500년경

## 청동기 시대

메소포타미아(현재의 이라크)의 수메르 사람들은 금속 원소가 어떻게 반응하는지 알았어요. 메소포타미아인들은 구리와 주석을 함께 녹여 청동을 만들었어요. 청동은 단단하지만 펴서 늘일 수 있는 성질(가단성)이 높은 금속이어서 무기나 기구를 만들기 좋았어요. 그리고 수메르 사람들은 모래와 탄산수, 석회를 높은 온도에서 섞으면 화학 반응이 일어나 유리가 만들어진다는 것도 발견했어요.

청동 방패

## 선지자 메리

이집트 도시 알렉산드리아는 고대 연금술의 중심지였어요. 최초의 연금술사 중 한 명인 유대인 메리는 증류기(용액에서 물질을 정제하는 기구)를 발명한 것으로 알려졌는데, 오늘날 실험실에서도 여전히 이 증류기와 비슷한 것을 사용해요.

기체의 부피를 줄이면 압력이 올라가요.

### 이거 알아요?

**불가사의한 무게**

4대 원소의 이론에 따라 1700년대의 과학자들은 물질이 탈 때 '플로지스톤'이라는 불과 같은 원소를 내뿜는다고 믿었어요. 그러나 왜 어떤 물질은 타고 나면 오히려 무게가 늘어나는지 의아했지요. 앙투안 라부아지에는 그 이유를 증명했어요. 라부아지에는 타는 것은 공기에 있는 산소와 화학 반응이고, 어떤 물질은 탈 때 산소를 얻기 때문에 무게가 늘어난다고 설명했어요. 라부아지에의 이론은 결국 4대 원소 이론이 틀렸음을 증명한 것이에요.

### 보일의 법칙

아일랜드 태생 로버트 보일은 최초의 현대 화학자로 여겨져요. 보일은 기체의 성질에 관한 중요한 법칙을 정의했어요. 즉, 기체가 차지하는 공간이 줄어들면 기체의 압력이 증가하고, 역으로도 성립한다는 것이에요. 보일의 법칙은 에어로졸*이 어떻게 주사기를 움직이는지, 그리고 우리가 숨을 쉴 때 무슨 일이 일어나는지 등을 설명해 줘요.

*공기 중에 있는 매우 작은 고체 입자 또는 액체 방울.

1530년    1622년    1770년대

### 파라셀수스

스위스의 연금술사 파라셀수스는 광물질과 화학 물질을 의학적 치료에 사용한 선구자예요. 파라셀수스는 수은과 황, 다른 원소들을 사용한 치료법을 개발했을 뿐 아니라, 어떤 물질은 소량만 사용하면 치료에 도움이 되지만 많은 양을 사용하면 유독하다는 것도 알아냈어요. 파라셀수스는 고대 문헌에 의지하기보다는 자신이 관찰한 결과를 더 믿었어요. 이 방법은 그 후의 화학자들에게 영향을 미쳤어요.

### 화학적 혁명

프랑스의 과학자 앙투안 라부아지에는 화학 혁명을 가져왔어요. 라부아지에는 연소(타는 과정)가 어떻게 일어나는지를 정확하게 설명했어요. 또 산소와 화학 원소를 발견해서 이름을 붙이고, 화학 물질들의 이름을 만드는 방법을 고안하였어요. 이 명명법은 오늘날까지도 사용되고 있지요. 그리고 최초의 현대 화학 교과서를 썼어요.

앙투안 라부아지에는 물이 두 개의 수소 원소와 한 개의 산소 원소로 이루어진 것을 알아냈어요.

## 가황 고무

천연 라텍스 고무는 추운 날씨에서는 금이 가고 열에는 쉽게 녹아서 사용할 수 있는 물건이 제한적이었어요. 1800년대에 미국의 화학자 찰스 굿이어가 우연히 뜨거운 난로에 고무와 황을 함께 떨어뜨려 내구성 좋고 방수가 되는 가황 고무를 발견했어요. 수 세기 후 자동차 산업이 활발해지면서 가황 고무는 자동차 바퀴를 만드는 데 필수 재료가 되었어요.

## 분젠 버너

다른 종류의 원소를 태울 때 발생하는 빛의 종류를 연구하던 독일의 화학자 로베르트 분젠과 동료 페테르 데사가는 매우 뜨겁고 매우 깨끗한 불꽃을 만드는 절약형 가스버너를 개발했어요. 분젠의 이름을 딴 분젠 버너는 오늘날 온 세계 화학 실험실에 꼭 필요한 실험 기구예요.

1812년 · 1839년 · 1855년 · 1898년

## 모스 경도계

독일의 지질학자 프리드리히 모스는 광물질의 단단함 정도를 측정할 수 있는 기준표를 만들었어요. 모스는 열 개의 광물을 골라서 서로 긁어서 흠집이 나는 쪽을 아래 단계에 놓는 방법으로 부드러운 것부터 단단한 순서대로 늘어놓았어요. 간단한 긁기 테스트로 모든 광물은 단계별로 숫자가 매겨졌어요. 제조사들은 이 기준표를 이용하여 상품을 만들 광물을 골라요. 예를 들면, 스마트폰의 액정은 기준표에서 7 정도에 해당하는 강화 유리 종류를 사용해요.

## 라듐의 발견

방사능을 연구하던 폴란드계 프랑스 화학자 마리 퀴리와 프랑스인 남편 피에르 퀴리는 새로운 불빛을 내뿜는 라듐 원소를 발견했어요. 곧이어 라듐이 암세포를 파괴할 수도 있다는 것을 알게 되었어요. 퀴리 부부의 연구는 라듐을 사용하여 암을 없애는 방사선 치료의 개발을 이끌었고, 덕분에 오늘날 매년 수백만 명의 생명을 살릴 수 있지요.

↑ 높은 산성    ↑ 높은 염기성

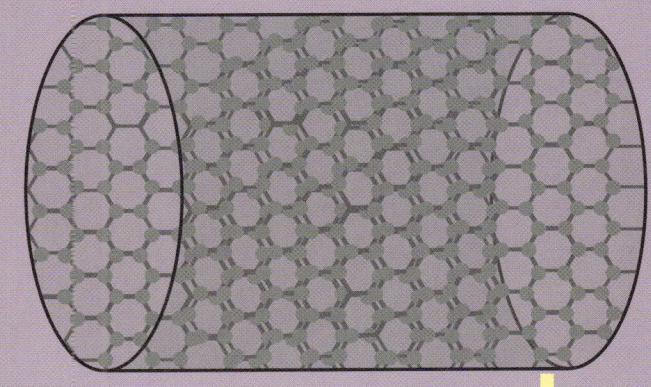

## pH 지수

덴마크의 칼스버그 맥주 공장에서 발효 과정을 연구하던 화학자 쇠렌 쇠렌센이 화학 물질이 산성인지 염기성인지를 알아보는 방법으로 pH 지수를 개발했어요. 산성이 물과 섞이면 수소 이온(이온이란 전하를 띤 원자를 말해요)이 생기고, '수소의 상태 에너지'를 뜻하는 pH 값은 낮아져요. 알칼리(염기성) 물질은 수소 이온이 적고, pH 값이 높아요.

## 그래핀

그래핀은 탄소로 이루어진 매우 단단한 구조로 두께가 탄소 원자 하나 정도로 얇아요. 스마트폰에 쓰이는 작고 매우 강력한 마이크로프로세서를 만드는 데 사용돼요. 미래에는 태양 전지판의 효율을 높이는 데에도 사용될 것으로 기대돼요.

1909년  1920년대                1965년                    오늘날

## 냉동식품

1920년대까지 냉동식품은 익히면 흐물흐물해지고 맛이 없었어요. 캐나다의 래브라도 지역에서 일하던 발명가 클래런스 버즈아이는 그 지역에 사는 이누이트인*들이 잡아 온 생선을 바로 눈 속에 얼리는 것을 보았어요. 이 생선은 몇 달 후에도 여전히 맛이 좋았지요. 미국으로 돌아온 후, 버즈아이는 매우 낮은 온도의 두 금속 판 사이에서 음식을 빠르게 냉동시키는 법을 개발했어요. 이 방법은 얼음 결정이 생기는 것을 막고 음식이 상하지 않게 해 주었어요.

*캐나다 북부, 알래스카, 그린랜드 등지에 사는 원주민.

## 케블라

고분자로 실험을 하던 미국의 화학자 스테파니 퀄렉은 좋은 예감이 들었어요. 퀄렉은 예상 외로 탁하고 묽은 용액을 버리는 대신에 연구를 더 해 보았어요. 그리고 이것이 강철보다 다섯 배는 더 튼튼하고 엄청나게 강한 섬유가 될 수 있다는 사실을 발견했어요. 퀄렉은 이것을 '케블라'라고 이름 지었어요. 케블라는 경주용 배부터 운동화에 이르기까지 수십여 가지의 단단하지만 가벼운 물건을 만드는 데 사용되어요.

케블라는 운동화를 비롯하여 많은 생활용품에 쓰여요.

# 도대체 지구 과학이 뭔데?

만약에 곧 태풍이 불어닥치거나 지진이 일어나려고 할 때 전혀 모르고 있다면, 우리는 큰 위험에 빠질 거예요! 지구 과학자들은 무엇이 지구와 지구 대기를 변하게 하는지, 시간이 지나면 행성이 어떻게 변해 가는지 같은 질문들에 대해 연구해요. 이러한 질문에 대한 답은 지구를 위협하는 지구 온난화와 같은 문제들에 대한 해결책을 찾는 데에도 도움을 주어요.

# 지구 과학이 왜 필요한가요?

여러분이 지구에 살고 있는 한(아마도 우리 모두 그렇겠죠!) 지구 과학은 우리가 살아남기 위해 정말 중요해요. 지구 과학자들은 지구의 역사에서부터 공기, 물, 땅의 현재 상태, 그리고 이 환경이 어떻게 변해 왔는지까지 우리 행성의 모든 것에 관심이 많아요. 지구 과학자들은 지진, 태풍, 허리케인이 오기 전에 경고를 해서 사람들을 구하지요. 그리고 사람들의 활동이 어떻게 지구의 표면 온도를 올리는지 폭로함으로써 현시대에 가장 중요한 사안 중 하나인 지구 온난화에 대해 사람들이 관심을 갖게 했어요.

## 지구 과학이란 무엇인가요?

지구 과학은 분야가 매우 넓어서 세부 분야가 다양해요. 지질학자들은 암석과 광물을 연구하고, 해양학자는 바다에 관한 전문가이며, 기상학자는 대기 중의 날씨 변화를 분석해요. 이들뿐 아니라 더 많은 다양한 전문가들이 복잡하고 섬세한 우리 행성을 우리가 이해할 수 있도록 돕고, 그리고 어떻게 보호할 수 있는지 연구해요.

태양은 지구의 생명체에 꼭 필요해요. 태양은 생물이 자라는 데 필요한 빛과 열을 제공해요.

대기는 태양의 열과 우주의 방사능으로부터 지구를 보호하는 거대한 담요와 같아요.

산은 전 세계 담수의 60퍼센트를 보관하고 있는데, 그중 대부분은 얼음 형태예요.

열대 우림은 지구 표면의 단 2퍼센트만을 차지하는데, 전 세계 식물과 동물 종의 절반이 살고 있어요.

바다는 전 세계 표면의 70퍼센트를 덮고 있어요. 파도와 조석(밀물과 썰물)은 재생 에너지원으로 쓰여요.

버려진 플라스틱은 종종 바다로 흘러들어 와서 바다 생물에 해를 끼쳐요.

모래는 암석이 파도와 바람에 의해 깎여 나간 작은 알맹이들이에요.

암석은 한 개 또는 여러 개의 광물질(화학 원소로부터 자연적으로 생겨난 물질)로 이루어져 있어요.

## 지구 온난화란 무엇인가요?

지구 대기에 있는 소량의 특정 가스는 태양 에너지를 가둘 수 있어요. 이것을 '온실 효과'라고 하는데, 지구의 온도를 따뜻하게 유지하도록 도와줘요. 그러나 지난 150여 년 동안 사람들이 석탄, 기름, 가스 등 화석 연료를 태워 지구 대기에 온실 효과를 일으키는 가스의 양이 많아졌어요. 그 결과 지구의 평균 온도가 높아졌어요. 이 변화는 만년설과 빙하를 녹이고, 전 세계에 걸쳐 더 많은 홍수와 강우량, 극한의 날씨를 일으키는 등 지구 환경을 파괴하고 있어요.

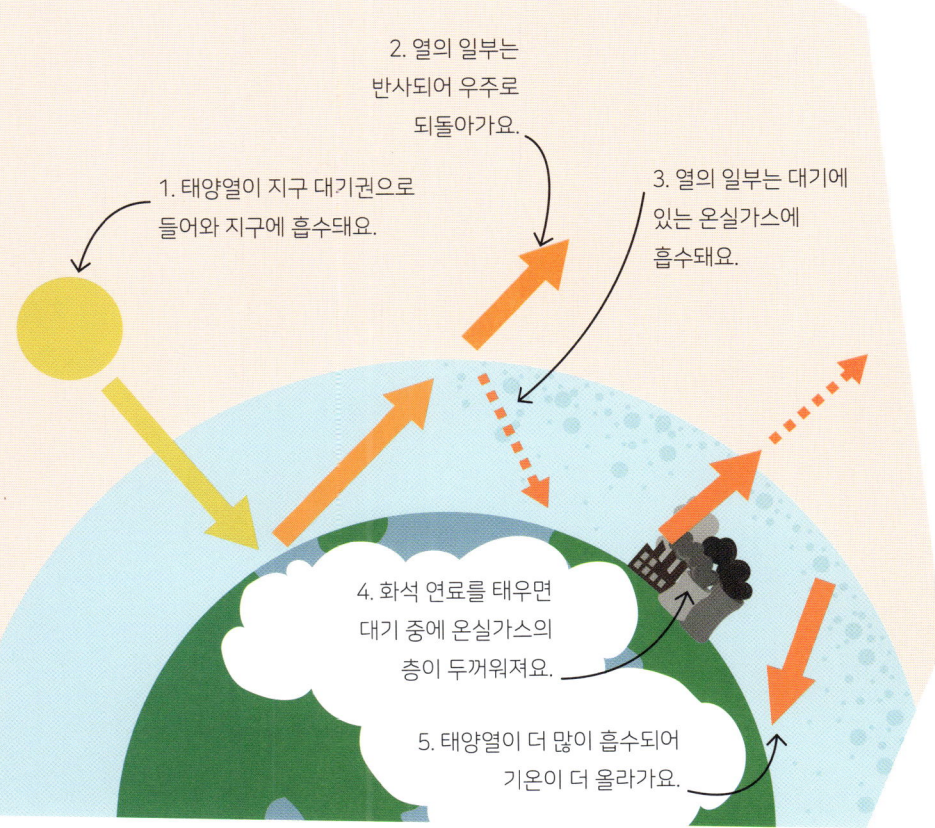

1. 태양열이 지구 대기권으로 들어와 지구에 흡수돼요.
2. 열의 일부는 반사되어 우주로 되돌아가요.
3. 열의 일부는 대기에 있는 온실가스에 흡수돼요.
4. 화석 연료를 태우면 대기 중에 온실가스의 층이 두꺼워져요.
5. 태양열이 더 많이 흡수되어 기온이 더 올라가요.

## 일상생활에서의 지구과학

지구 과학의 중요한 부분은 사람들의 활동이 환경에 미치는 영향을 연구하는 것이에요. 사람들이 만들어 낸 공해가 지구의 어디를 파괴하는지 찾고, 전 세계의 자원을 좀 더 나은 방식으로 관리할 방법을 개발하여 인류가 지구와 더 조화롭게 살 수 있도록 해요.

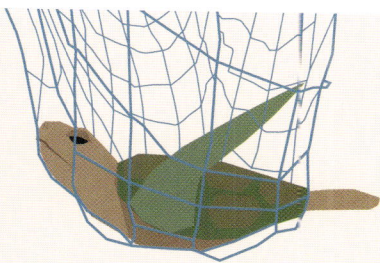

수산물을 마구 잡는 남획과 공해는 바다 동물의 생명을 위협하고 해양 생태계 전반에 큰 영향을 미치는 중요한 요인이에요.

바다의 조석 현상으로 밀물과 썰물이 일으키는 에너지를 이용해 전력을 만들 수 있어요. 이러한 천연자원을 사용하면 지구 온난화를 방지하는 데 도움이 돼요.

지구는 금속과 귀중한 암석들과 같은 천연자원으로 가득하고 화석, 기름, 가스와 같이 태워서 전력을 생산할 수 있는 자원도 풍부해요.

지구 과학은 지진에 관해 잘 알려 주고, 지진이 많이 일어나는 지역은 건물을 더 안전하게 만들어 생명을 구할 수 있도록 해 주었어요.

# 내일 날씨를 아는 법

날씨는 예측하기 힘들지만, 수 세기 동안 사람들은 날씨를 예보하려고 애써 왔어요. 야외 활동을 계획하거나 농작물을 키울 때, 아니면 태풍이 오는지 알아야 할 때에도 기상 예보는 일상생활에 도움을 줘요. 바람의 변화를 추적하고 강우량을 기록하는 일부터 온도와 기압을 측정하는 일까지, 날씨를 예측하기 위해서는 할 일이 많아요.

**1** 수 세기 동안 한국의 농부들은 날씨의 규칙성을 예측하기 위해 강우량을 측정했어요. 비가 언제 올지 알면 일 년 동안 가능한 많은 농작물을 튼튼하게 키울 수 있어요.

**2** 비가 온 뒤 물웅덩이의 깊이를 재어 비가 얼마만큼 왔는지 측정했어요. 비록 이 방법이 도움이 되긴 했지만, 이것은 대략적인 추정치였고, 그리 정확하지 않았어요.

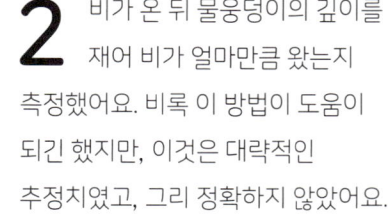

**우량계**

현대의 우량계도 측우기와 같은 방식으로 작동해요. 우량계는 눈금이 있는 원통으로 이루어진 간단한 구조예요. 만약 일정한 지역에서 일정한 기간 동안 통 안에 빗물이 얼마만큼 모였다면 그 값을 강우량으로 기록해요.

이건 알아요?

**3** 1441년, 조선에서는 왕의 제안으로 발명가와 과학자들이 강우량을 더 정확하게 잴 수 있는 기구를 만들었어요. 측우기는 쇠로 만든 우량계로, 빗물을 튀지 않게 모으는 통이 들어 있었어요.

**4** 빗물이 모인 통에 자를 담가 정확한 강우량을 측정했어요. 측우기는 전국 각지로 보내졌고, 과학자들은 정확한 강우량을 기록하여 조선 시대 농부들에게 도움을 주었어요.

### 미리 계획하기

정확한 날씨 예보는 오늘날 농업에도 여전히 중요해요. 만약에 곧 날씨가 안 좋아진다면 농부들은 가능한 한 빨리 이 사실을 알고 미리 대처하여 농작물을 보호해야 해요.

## 건조하거나 눅눅하거나?

습도는 공기 중에 있는 수증기의 양을 말해요. 고대 중국에서는 숯 조각의 무게를 재어 습도를 측정했어요. 습도가 높으면 숯이 수증기를 흡수해서 무거워지고, 건조한 날씨에는 습기가 증발하여 숯이 가벼워져요. 주로 뜨겁고 건조한 날은 습도가 낮고, 춥고 축축한 날은 습도가 높아요.

숯과 같은 무게의 추가 왼쪽에 있어요.

숯의 무게가 증가한 양으로 습도를 측정해요.

## 맑거나 폭풍우가 치거나?

지구 대기권에 있는 공기는 '대기압'이라는 힘으로 모든 것을 눌러요. 고기압이 맑고 화창한 날씨를 가리키는 반면에 저기압은 비, 바람이 오고 태풍이 부는 날씨를 뜻해요. 1643년 이탈리아의 과학자 에반젤리스타 토리첼리가 기압을 정확하게 잴 수 있는 최초의 기구인 수은 기압계를 발명했어요.

유리관 안의 꼭대기 부분은 공기조차 없는 진공 상태예요.

고기압일 때는 유리관 안의 수은이 밀려 올라가요. 눈금을 표시해서 읽기 편하게 만들었어요.

받침대는 수은으로 가득 차 있어요. 수은은 실온에서 액체 상태인 금속이에요.

대기압

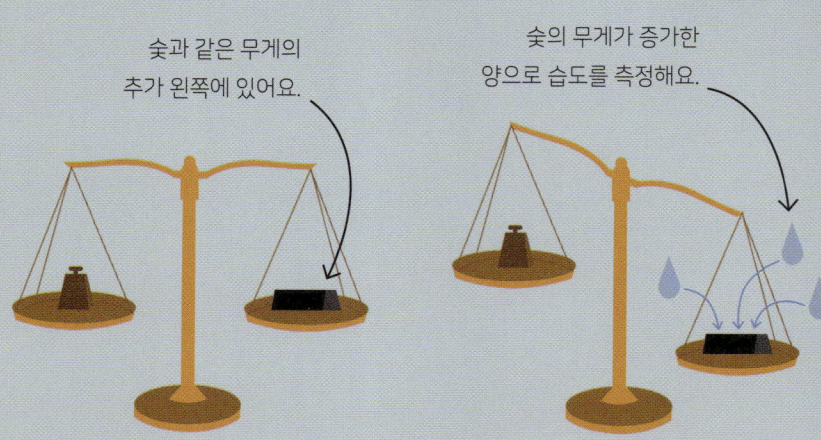

## 한번 해 볼까요?
### 우량계 만들기

투명한 페트병을 재활용하여 우량계를 만들어 봐요. 우선 병의 윗부분을 잘라 내요. 그리고 병 바깥에 자를 붙이거나 유성펜을 사용하여 병에 자의 눈금을 그려 넣어요. 병 안에 물을 부어 눈금 0에 맞추어요. 잘라 낸 윗부분을 깔때기 모양으로 뒤집어서 병에 끼워 넣어요. 완성된 우량계를 밖에 두고 비가 온 후에 눈금을 읽어 강우량을 기록해요.

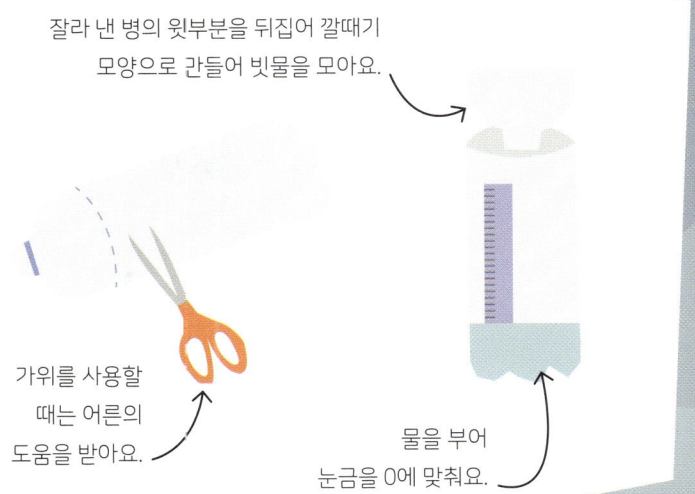

잘라 낸 병의 윗부분을 뒤집어 깔때기 모양으로 만들어 빗물을 모아요.

가위를 사용할 때는 어른의 도움을 받아요.

물을 부어 눈금을 0에 맞춰요.

## 덥거나 춥거나?

온도란 얼마나 덥거나 추운지를 나타내는 말이에요. 폴란드계 네덜란드 과학자 다니엘 파렌하이트는 온도를 안정적으로 잴 수 있는 최초의 도구인 수은 온도계를 발명했어요. 수은은 따뜻해지면 팽창하여 유리관에서 올라가요. 파렌하이트는 자신의 이름을 딴 온도 체계도 발명했어요.

온도가 올라가면 수은이 팽창하여 유리관 위로 움직여요.

온도가 내려가면 수은이 수축되어 유리관 아래로 움직여요.

## 기상 예보

기상 관측소와 지구 궤도를 도는 인공위성은 습도, 공기압, 온도, 강우량, 그 밖에 지구 대기의 특성들에 관한 자료를 수집해요. 이 자료들은 고성능 컴퓨터로 보내져 앞으로 날씨가 어떻게 변할지 여러 예측 모형을 만드는 데 쓰여요. 현대의 날씨 예보는 일주일 앞의 날씨를 약 80퍼센트의 정확도로 예측할 수 있어요.

대기압이 같은 지역들을 연결한 이 선들을 '등압선'이라고 불러요.

간단한 그림을 사용해서 여러 지역의 날씨 예보를 보여 줘요.

# 나의 위치를 찾는 법

예전부터 사람들은 주변 지역을 찾아다니는 데 지형지물을 이용했어요. 그러나 아주 먼 곳을 여행할 때는 목적지까지 안전하게 도달하기 위해서 현재 나의 위치가 어디인지 정확히 알아야만 했어요. 시간이 지나고, 사람들은 자신이 있는 곳의 위도(어느 정도로 북쪽인지 남쪽인지)와 경도(어느 정도로 동쪽인지 서쪽인지)를 찾을 수 있는 영리한 방법을 개발했어요.

**1** 사람들은 위도를 측정할 수 있는 좋은 방법이 밤하늘을 보는 것이라는 사실을 알았어요. 대부분의 별들이 매일 밤 움직이지만, 북극성(폴라리스라고도 불러요)은 거의 같은 자리에 있어요. 북극성이 하늘에 떠 있는 높이는 지구에서 바라보는 위치에 따라 달랐어요.

북극성은 작은곰자리를 이루는 별들 중 하나예요.

수평선과 북극성이 이루는 각으로 여행자는 자신의 위치를 알 수 있어요.

시선 방향

**2** 서기 900년경, 아라비아의 탐험가가 위치를 찾을 수 있는 '카말'이라는 간단한 도구를 개발했어요. 여행자가 집을 떠나기 전, 작은 나무 조각에 구멍을 내어 줄을 통과시킨 후 줄이 빠져나가지 않도록 매듭을 묶어요. 그러고는 줄 끝을 잡고 줄을 팽팽하게 잡아당겨요.

**3** 그 상태로 나무 조각을 들고서 나무 조각의 밑변을 지평선에 맞추고 윗변이 북극성에 맞도록 거리를 조절해요. 아래위가 맞은 위치를 줄에 매듭을 묶어 표시해요. 지금 있는 위치를 기록한 거예요.

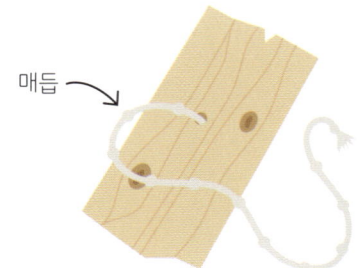

매듭

96

## 알고 있나요?

### 북극성과 위도

북극성은 거의 정확하게 북극 위에 놓여 있기 때문에 위도를 찾는 데 유용해요. 지구가 자전축을 중심으로 자전해도 북극성의 위치는 변하지 않거든요. 만약에 여러분이 적도(0°로 표시해요)에 있다면 북극성은 수평선 위에 놓여 있을 거예요. 여러분이 북쪽으로 갈수록 북극성은 더 높은 하늘에 떠 있을 것이고, 북극에서는 정확히 머리 위에(90°N)에 떠 있을 거예요. 그러나 남반구 하늘에는 북극성과 같은 별이 없기 때문에, 이 방법은 적도 이남 지역을 여행하는 여행객에게는 소용없어요.

북극 (90°N)
적도 (0°)

여행자가 드착한 새 위치에서 북극성이 하늘에 더 높이 떠 있어요. 즉, 여행자가 북쪽으로 이동했다는 뜻이에요.

**4** 여행자가 새로운 곳에 도착하면, 카말을 얼굴에서 가깝게 또는 멀게 움직여 하늘에 있는 북극성의 새로운 위치를 다시 읽어요. 조정해서 맞춘 다음 줄에 새로 매듭을 묶어 새로운 곳의 위치를 기록해요.

**5** 여행자는 카말에 매듭을 여러 개 묶어 중요한 곳들의 위치를 기록할 수 있어요. 만으에 길을 잃으면, 카말을 사용하여 그 전에 기록했던 위치들 중 어느 곳과 가까운지 찾을 수 있죠. 비록 그곳까지 어떻게 갈 수 있는지는 보여 주지 않지만, 여행자가 전에 갔던 곳에서 동쪽이나 서쪽으로 떨어져 있다는 걸 알 수 있어요.

### 현실 속 과학

#### 육분의

탐험가들은 위도를 찾을 수 있는 좀 더 발전된 방법을 개발했어요. 해양 육분의는 수평선과 태양, 별 사이의 각도를 눈금으로 정확하게 잴 수 있어서 여행자들의 정확한 위치를 정밀하게 알 수 있어요.

# 경도를 계산하는 법

18세기 무렵 전 세계의 해양 교역이 갑작스럽게 증가했어요. 그러나 선원들에게는 한 가지 문제가 있었어요. 자신이 있는 곳의 경도를 알지 못해서 바다에서 쉽게 길을 잃어 배가 종종 난파되었기 때문이에요. 갈릴레오 갈릴레이나 에드먼드 핼리 같은 훌륭한 과학자들이 경도 문제를 해결하기 위해 별들을 관찰했어요. 그러던 중, 1728년 영국의 시계공 존 해리슨이 그 답을 찾았어요. 해리슨은 시계를 사용하면 경도를 나타내는 게 훨씬 쉽다는 것을 깨달았지요.

**1** 해리슨은 지구를 회전하는 구로 생각했어요. 즉, 하루에 360도를 회전해요. 하루는 24시간이고, 따라서 1시간에 15도씩 회전해요. 이것은 지구의 다른 장소에서는 시간이 왜 다른지 설명해 줘요.

$$360° \div 24 = 15°$$

**2** 그런데 바다 한가운데에 있는 배가 어느 경도에 있는지 어떻게 알 수 있을까요? 이것은 시간을 재는 것으로 알 수 있어요. 선원은 어디에서든 태양이 하늘에 가장 높이 떠 있을 때가 언제인지를 관찰하여 정오를 알 수 있어요. 기준점이 되는 곳(영국에서는 런던을 기준점으로 삼았어요)의 시간이 몇 시인지를 알면 두 곳을 비교하여 경도를 계산할 수 있어요.

## 현실 속 과학

### 위치 정보 시스템

오늘날 우리는 지표면과 지구 궤도 주위를 도는 인공위성 네트워크, 그리고 복잡한 수학 계산을 사용하여 정확한 위치를 알 수 있어요. GPS라고 불리는 위치 정보 시스템은 우주에 있는 인공위성이 스마트폰에 있는 것과 같은 GPS 장치에 신호를 보내요. 그러면, 수학으로 계산하여 미터 정도 단위의 정확성으로 지구상의 어느 위치에 있는지 알아낼 수 있어요.

**3** 해리슨의 임무는 배의 꾸준한 움직임이나 온도에 따라 시간이 늘어나거나 줄어들지 않는 바다 시계를 만드는 것이었어요. 선원들이 바다 한가운데에서 시계를 사용하더라도 두 시간대의 차이가 정확하다는 확신이 들어야 했거든요.

**4** 1759년, 해리슨은 드디어 정확한 시간을 재기 위한 복잡한 기계 장치가 모두 들어간 회중시계 크기 정도의 작품을 선보였어요. 자메이카로 가는 81일 동안의 첫 항해에서 해리슨의 항해용 시계는 5초밖에 늦지 않았어요. 경도 문제가 해결된 것이에요!

H4 항해용 시계란 해리슨이 경도 문제를 해결하기 위해 만들었던 네 번째 시계를 말해요.

# 핵 실험을 멈추는 법

대부분 원자는 안정적이지만, 드물게 일부 원자는 방사능을 띠어요. 즉, 쪼개지면서 위험한 형태의 방사선을 방출해요. 방사성 물질은 암을 치료하거나 전기를 만들어 내는 데 사용되지만, 치명적인 오염을 일으킬 수도 있어요. 1950년대에는 여러 나라에서 점점 더 많은 핵무기를 지구상의 비교적 외진 곳에서 실험했어요. 그런데 일본의 어느 과학자가 이런 실험의 방사능 잔해가 태평양 전체를 오염시킬 수 있다는 것을 깨달았어요.

1. 1954년 봄, 일본의 참치잡이 배인 제5후쿠류마루호에 탔던 선원이 태평양의 마셜 제도 근처에서 저인망 어업*을 한 후, 몸이 안 좋다고 느꼈어요.

*그물을 바다 밑으로 끌어 고기를 잡는 것.

2. 나중에 이 선원이 방사능 잔해에 노출되었다는 것을 알았어요. 선원이 탔던 배는 미국의 핵폭탄 비밀 시험 장소인 비키니 환초 지역에서 바람이 부는 방향을 따라 항해했던 거예요.

**3** 일본 정부는 과학자 사루하시 가츠코에게 핵폭탄에서 나온 낙진(방사능 오염 물질)이 태평양을 어떻게 떠돌아다니는지 조사할 것을 요청했어요. 사루하시는 낙진이 해류를 타고 시계 방향으로 이동하다가 어느 일정 지역에 모인다는 것을 알게 됐어요. 그리고 이 문제를 해결하지 않으면, 태평양에 사는 많은 동물이 방사능에 오염되어 완전히 멸종할 것이라는 사실을 깨달았어요.

**4** 사루하시의 연구는 국제적인 문제로 떠올랐고, 결국 미국은 태평양에서 핵무기를 실험해 왔다는 사실을 인정했어요. 그 즉시, 미국과 다른 국가들은 핵무기 실험을 바다에서나 대기에서 그리고 우주에서도 하지 않기로 동의했어요.

## 과학 이해하기
# 핵 방사선

원자가 불안정하면, 핵은 언제라도 쪼개어질 수 있어요(붕괴). 핵이 붕괴되면, 많은 양의 에너지를 핵 방사선으로 방출해요. 이 방사선은 알파 입자같이 매우 빠르게 움직이는 입자나 빛의 속도로 움직이는 파동의 형태를 띠어요.

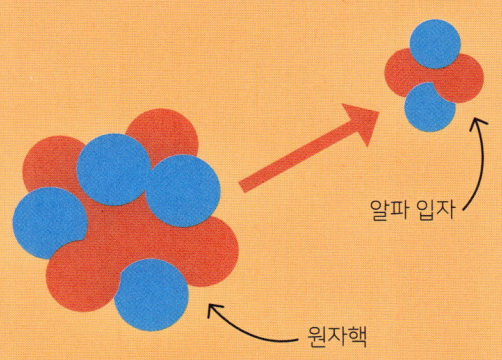

알파 입자

원자핵

방사선에는 크게 세 종류가 있어요. 이것을 알파선, 베타선, 감마선이라고 해요. 알파선은 투과능이 가장 낮아서 심지어 피부로도 막을 수 있어요. 투과능이 가장 높은 감마선은 사람의 몸을 쉽게 통과할 수 있어요.

베타선은 피부를 통과할 수 있지만 얇은 금속판은 통과하지 못해요.

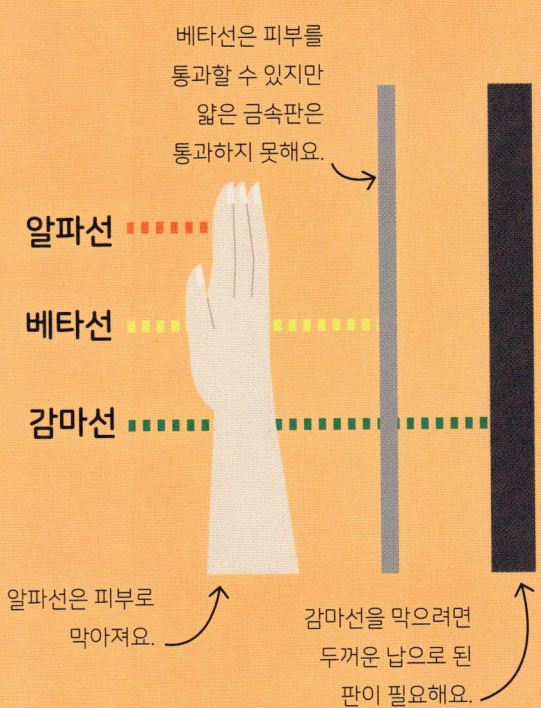

**알파선**
**베타선**
**감마선**

알파선은 피부로 막아져요.

감마선을 막으려면 두꺼운 납으로 된 판이 필요해요.

101

# 핵무기

핵폭탄은 세계에서 가장 파괴력이 큰 무기예요. 그리고 지금까지 전쟁에서 딱 두 번 사용되었어요. 핵폭탄은 원자핵을 쪼개거나(핵분열), 원자핵을 서로 억지로 결합하는(핵결합) 두 가지 방법이 있어요. 어느 쪽이든, 엄청난 양의 에너지가 방출되면서 거대한 폭발력을 가져요. 핵결합 폭탄은 핵분열 폭탄보다 더 강력하고 파괴력이 높은 반면, 핵분열 폭탄은 더 많은 방사성 낙진을 만들어 내요.

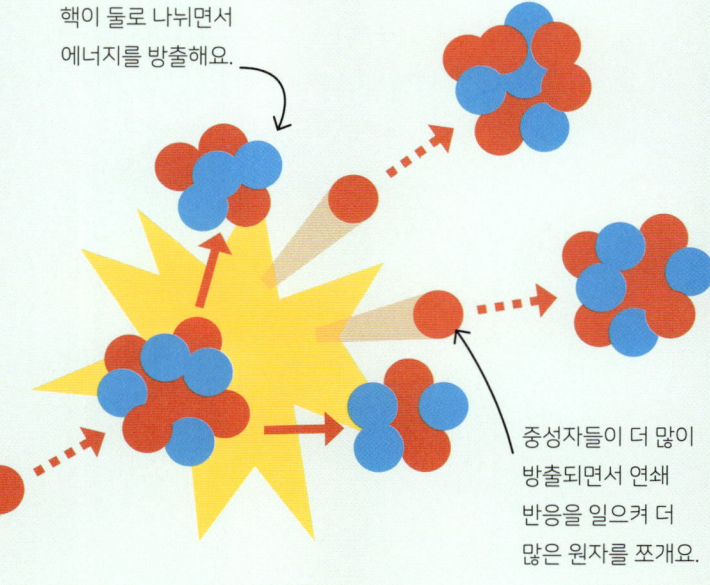

핵이 둘로 나뉘면서 에너지를 방출해요.

중성자들이 더 많이 방출되면서 연쇄 반응을 일으켜 더 많은 원자를 쪼개요.

핵분열 폭탄은 중성자 입자가 불안정한 우라늄 핵과 충돌하면서 쪼개어져요.

# 원자력 에너지

원자력 발전소는 핵분열에서 방출되는 열을 이용하여 전기를 만들어요. 핵폭탄과는 다르게 발전소는 핵 연료봉을 중성자를 흡수하는 물질로 분리하여 분열 반응을 제어해요. 원자력 에너지는 장단점이 있어요. 이산화탄소와 같은 온실가스를 생산하지는 않지만, 원자로에서 나오는 폐기물은 수천 년 동안 방사성을 띠어 땅 속 깊이 묻어야만 해요.

핵반응으로 생긴 열이 전기를 만들어요.

냉각탑이 과도한 열을 제거해요.

콘크리트와 철로 만들어진 둥근 건물이 원자로예요.

대부분의 원자력 발전소는 우라늄을 연료로 사용해요.

핵폐기물은 안전해질 때까지 수천 년 동안 땅속에 묻혀 있어야 해요.

# 방사선 치료

핵 방사선은 암을 일으킬 수 있지만, 암을 치료하는 데에도 사용돼요. 이러한 치료법을 방사선 치료라고 하는데, 암세포에 있는 디엔에이를 손상시켜 더 이상 분열을 하거나 자라지 못하도록 해요. 치료는 여러 개의 감마선을 여러 방향에서 암이 자라는 악성 종양에 집중적으로 쏘는 방식이에요. 이렇게 하면 종양은 방사선을 많이 받게 되지만, 주변의 건강한 세포들은 감마선 하나에만 노출돼요. 방사선 치료는 환자의 건강한 세포도 손상시킬 수 있지만, 그러한 위험에도 불구하고 시도해 볼 가치가 있다고 여겨져요.

## 이거 알아요?

### 방사능 공책
폴란드계 프랑스 과학자 마리 퀴리는 1934년, 획기적인 방사능 연구에 몰두한 나머지 죽음에 이르렀어요. 심지어 오늘날까지도 퀴리가 쓰던 공책은 방사능이 너무 강해서 손으로 함부로 만지면 안 돼요.

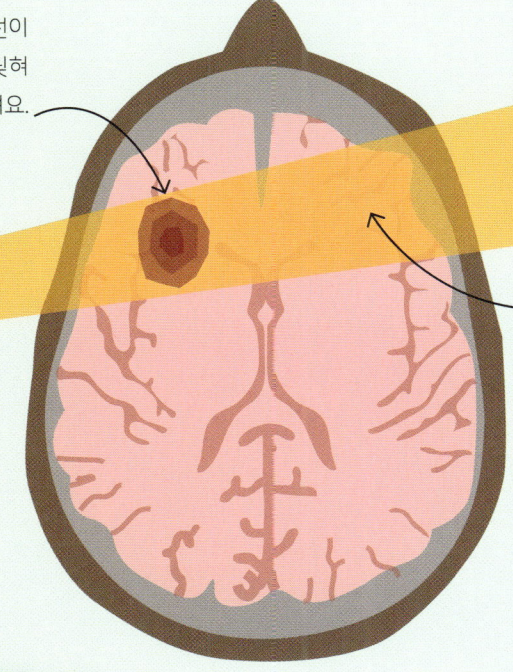

감마선을 여러 방향에서 종양을 향해 동시에 쏘아요.

각각의 감마선이 종양과 부딪혀 암세포를 손상시켜요.

다른 건강한 세포도 손상될 수 있어서 환자가 몸에 불편을 느껴요.

## 현실 속 과학

### 산호 백화 현상
태평양을 방사능으로부터 구하는 일에 힘썼던 사루하시 가츠코는 산호를 구하는 일에도 기여했어요. 사루하시는 바닷물 속의 이산화탄소 농도를 측정한 최초의 과학자 중 한 명이에요. 이산화탄소 농도가 높아지면 바닷물이 산성화돼요. 바닷물이 산성화되면 산호가 약해지고 산호의 색이 하얗게 변해요. 하얗게 변한 산호는 결국 죽게 되지요.

# 멋진 지구 과학자들

예전 지구의 모습은 우리가 현재 살고 있는 지구와 많이 달랐어요. 그리고 미래 지구의 모습도 지금과 다를 거예요. 마찬가지로 어떻게 산과 바다가 만들어졌는지에서부터 내일의 날씨를 예측하는 것까지, 지구에 왜 이런 변화가 일어나는지에 대한 이해도 수 세기에 걸쳐 발전해 왔어요.

## 지진!

중국 과학자 장형이 지진을 감지하는 장치를 세계 최초로 만들었어요. 나침반에서 방위를 가리키는 여덟 곳에 흔들거리는 용 머리 모양이 달려 있고, 그 아래에 여덟 개의 개구리 모양의 그릇이 놓여 있어요. 지진의 충격파에 땅이 흔들리면 추가 흔들려 용이 물고 있던 구슬이 개구리 입으로 떨어져요. 이 방향이 지진의 방향이에요.

각각의 용이 입에 구슬을 물고 있어요.

지진이 추를 흔들면 용의 입이 열려요.

구슬이 개구리 입으로 떨어져요.

기원전 350년경

서기 132년

1000년경

## 비가 오는 이유

왜 비가 오는지 최초로 밝혀낸 사람은 그리스의 철학자 아리스토텔레스라고 알려져 있어요. 아리스토텔레스는 물이 태양열에 의해 수증기로 증발하여 상층 대기권으로 올라간다고 설명했어요. 그리고 낮은 온도에 물이 다시 응결하여 비나 눈이 되어 내려요(이것을 강수라고 해요).

강수   응결   증발

## 움직이는 산맥

중앙아시아의 산맥을 연구하던 아라비아의 철학자 이븐 시나는 산맥이 어떻게 만들어졌는지 곰곰이 생각해 보았어요. 이븐 시나는 지진에 의해서 갑작스러운 힘으로 해저에서 땅이 솟아올랐거나 느린 침식 과정으로 암석이 깎여 나가 골짜기를 만들어서 산맥이 생겨났을 거라고 설명했어요. 이븐 시나의 설명은 양쪽 다 맞아요.

## 온도 측정기

다니엘 파렌하이트가 온도계를 발명하고 얼마 지나지 않아 스웨덴의 천문학자 안데르스 셀시우스는 새로운 온도 체계를 생각해 냈어요. 셀시우스는 물의 어는점과 끓는점 온도에서 실험을 해 왔는데, 이 두 온도를 기준으로 하는 온도 체계가 있으면 좋겠다고 생각했어요. 셀시우스는 이것을 '센티그레이드'(라틴어로 '100단계'라는 뜻)라고 이름 붙였어요. 200년쯤 후, 과학자들이 이 온도 체계를 그의 이름을 따서 '셀시우스'*라고 부르기로 했어요.

*'섭씨온도'라고 해요.

원래의 센티그레이드 체계에서 물의 끓는점은 0℃, 어는점은 100℃였는데, 곧 뒤바꾸어 사용했어요.

## 나이 많은 지구

성경의 영향을 받았던 많은 사람들은 지구 나이가 수천 년 정도라고 생각했어요. 프랑스의 자연사학자 콩트 드 뷔퐁은 화석이 존재한다는 것은 지구 나이가 그보다 훨씬 많은 수백만 년 정도라는 것을 뜻한다고 주장했어요. 뷔퐁이 비록 지구 나이를 적게 잡긴 했지만, 성경에서 벗어나 자연사를 설명한 것은 그 당시 혁명적인 일이었고, 기나긴 논쟁을 가져왔어요.

1088년  1742년  1749년

## 화석화된 기록

중국의 과학자 심괄은 기후 변화 이론을 제시한 최초의 사람들 중 한 명이에요. 옌저우의 집 근처에서 일어난 산사태로 인해, 돌로 변한 화석 죽순들이 가득한 숲이 드러났어요. 심괄은 대나무는 이렇게 건조한 날씨에서 살 수 없다는 것을 알고 있었어요. 심괄은 옌저우의 기후가 과거에는 매우 달랐을 것이라고 결론 내렸고, 획기적인 이론을 제안했어요. 즉, 기후가 변한다는 것이에요.

### 이거 알아요?

## 경쟁하는 이론들

18세기 후반, 과학계는 두 이론이 격렬히 맞서고 있었어요. 어떤 과학자들은 지구 표면의 변화가 홍수와 같은 자연재해에 의해서만 일어난다고 주장했어요. 또 다른 과학자들은 지구의 변화가 오랜 시간에 걸쳐 일어나는 것이라고 주장했어요. 이 이론들은 꾸준히 이어져 찰스 다윈의 연구에 큰 영향을 미쳤어요.

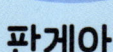

## 구름 위에

19세기 전까지 과학자들은 구름에 별로 관심이 없었어요. 그러나 구름을 좋아했던 영국의 아마추어 날씨 관찰자 루크 하워드는 구름의 모양을 관찰하고 그리는 데 온 시간을 쏟았어요. 하워드는 구름에서 규칙성을 발견하고 구름을 크게 세 종류로 분류했어요. 시간이 지나면서, 구름을 더 상세하게 분류하는 이름들이 덧붙여졌어요.

## 판게아

독일의 과학자 알프레트 베게너는 현재의 대륙들이 3억 3500만 년 전과 1억 7500만 년 전 사이에는 '판게아'라는 하나의 거대한 초대륙이었을 것이라는 이론을 제시했어요. 그리고 대륙 이동이라는 과정을 통해 대륙이 쪼개졌을 것이라고 주장했어요. 베게너의 이론에 따르면 왜 지구 반대편에 비슷한 동물들이 살고 있는지 설명할 수 있어요.

1802년  1846년  1912년  1913년

## 지진파

아일랜드의 과학자 로버트 맬릿은 과학자들에게 오랫동안 수수께끼로 남아 있던 문제, 즉, 지진이 왜 일어나는가에 대한 답을 찾았어요. 맬릿은 지진이 지하 암석들의 움직임에 의해 생긴다는 것을 깨달았어요. 이로 인해, 지표면을 따라 진동이 생겨나는 거예요. 맬릿은 이것을 '지진파'라고 불렀어요.

## 암석의 연대 측정

영국의 지질학자 아서 홈스는 암석에 있는 우라늄 원소가 납으로 붕괴하는 데 걸리는 속도를 연구하여 지구의 나이가 적어도 16억 년 이상임을 밝혀냈어요. 홈스의 연구는 1950년대 과학자들이 지구의 실제 나이가 46억 년이라는 것을 규명하도록 이끌었어요.

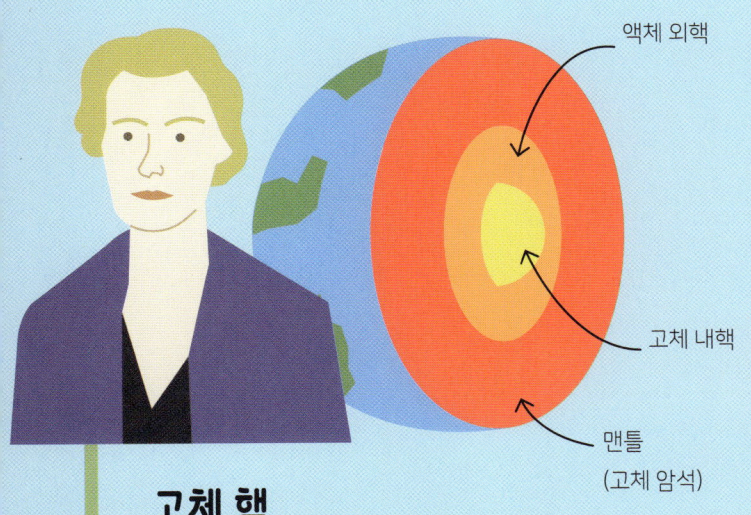
액체 외핵
고체 내핵
맨틀
(고체 암석)

## 멸종 사건

공룡들에게 무슨 일이 생겼던 걸까요? 미국의 물리학자 루이스 월터 앨버레즈와 아들 월터 앨버레즈는 660만 년 전, 너비 9킬로미터인 소행성이 멕시코만에 충돌해 지진과 해일을 일으키고, 흩어진 잔해들이 1년 넘게 태양 빛을 가렸다는 증거를 발견했어요. 그 결과 식물들은 죽고, 공룡은 굶주리게 되었어요.

## 고체 핵

과학자들은 지구의 핵이 금속성 액체로 이루어져 있다고 믿었어요. 지진파를 연구하던 덴마크의 지진학자 잉에 레만은 지구의 구 모양의 핵은 사실 두 개의 층으로 이루어져 있다는 것을 발견했어요. 액체 형태의 외핵과 이전에는 발견되지 않았던 가장 중심부에 있는 철과 니켈 성분의 고체 형태의 내핵으로요.

1936년  1962년  1980년  오늘날

## 환경에 대한 우려

미국의 생물학자 레이철 카슨은 현대 농업에서 사용하는 무분별한 살충제의 사용으로 토양과 개울이 오염되고, 새와 동물들이 죽어 간다는 것을 알아냈어요. 카슨이 쓴 『침묵의 봄』이라는 책은 사람들에게 큰 영향을 미쳤고, 환경을 훼손시키는 문제에 대해 사람들이 관심을 가지도록 이끌었어요. 카슨의 연구는 오늘날 환경 운동의 시초라고 할 수 있어요.

## 지구의 수호자 인공위성

지구 궤도를 따라 도는 인공위성은 지표면에서는 얻을 수 없는 으리 행성, 지구에 관한 정보를 제공해요. 예를 들어, 지구 대기에 있는 오존이나 이산화탄소 같은 기체들의 변화를 측정하여 기후 변화의 영향을 알아낼 수 있어요. 인공위성이 제공하는 영상으로 산불이 퍼지거나 만년설이 줄어드는 것과 같은 기후 위기에 관한 정보도 알 수 있고요. 그리고, 이전보다 훨씬 더 정확한 날씨 예보가 가능해졌어요.

107

# 도대체 우주 과학이 뭔데?

우주 과학은 우리가 가능할 것이라고 믿는 경계를 끊임없이 넓혀나가요. 100년 전, 인간이 달에 발을 디딜 수 있으리라고 생각한 사람들은 거의 없었어요. 오늘날 우리는 화성에 로봇을 보내고, 인간도 곧 화성에 갈 계획을 하고 있어요. 무엇보다 가장 중요한 질문에 대한 답에 어느 때보다 성큼 다가가 있어요. 우주에 우리뿐인가요?

# 우주 과학이 왜 필요한가요?

우주는 어떻게 시작되었을까요? 그리고 어떻게 끝날까요? 우리 지구 너머에 생명체가 살고 있을까요? 이것은 매우 어려운 질문들이고, 우주 과학자들이 연구하는 질문들이에요. 우주 과학은 흥미진진하고, 빠르게 변하는 분야예요. 매년 우주 과학은 더 넓은 우주에 관해 더욱더 많은 것들을 밝혀내고 있어요. 그리고 그 과정에서 인공위성에서부터 안전 장비까지 새로운 발명과 기술의 발전을 가져왔고, 우리의 세상을 변화시켜 왔어요.

## 우주 과학은 무엇인가요?

우주 과학은 우주를 탐구해요. 세상에서 가장 큰 실험실이죠! 매우 오래된 학문이면서 매우 새로운 학문이기도 해요. 옛 조상들은 달의 모습을 추적해서 처음으로 달력을 만들었고, 중세 천문학자들은 행성의 궤도를 연구했어요. 오늘날 우주 과학은 우주가 어떻게 이루어지는지, 그 안에 우리는 어디에 있는지를 알아내기 위해, 물리학, 화학, 생물학, 컴퓨터 과학, 공학, 그리고 수학에 이르기까지 모든 과학 분야를 총망라하고 있어요.

혜성은 태양 주위를 도는 거대한 가스와 먼지 얼음덩어리예요.

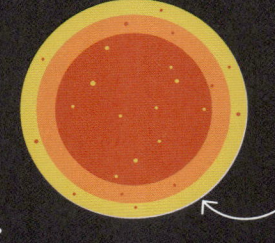

태양 빛은 지구의 생명체를 살아가게 해 주고, 지구는 태양 주위를 공전해요.

소행성은 암석이나 금속 덩어리예요. 혜성처럼, 소행성도 태양 주위를 돌아요.

## 도대체 광년이 뭔데?

우주에서 거리는 너무 넓고 거대해서 '광년'이라는 특별한 단위를 사용해요. 1광년은 빛이 일 년간 나아가는 거리예요. 그 거리는 약 9.5조 킬로미터나 돼요! 우주에서는 물체들이 서로 너무 멀리 떨어져 있기 때문에, 빛이 지구까지 도달하는 데 오랜 시간이 걸리지요.

 → 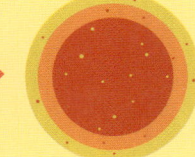 → 

지구에서 가장 가까운 별인 태양까지 약 8.3광분이 걸려요.

다음으로 가장 가까운 별인 켄타우루스자리 프록시마까지 약 4.3광년이 걸려요.

북극성인 폴라리스까지 약 323광년 걸려요.

달은 지구 주위를 도는 유일한 자연 위성이에요. 달빛은 태양 광선이 반사된 것이에요.

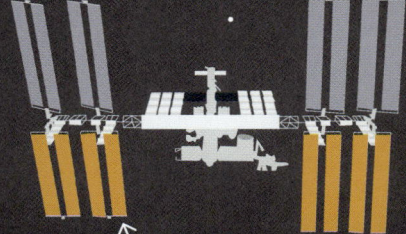
국제 우주 정거장은 우주에 있는, 인간이 만든 가장 큰 구조물이에요. 하루에 16번 지구 주위를 돌아요.

블랙홀은 중력의 힘이 너무 세서 아무것도 빠져나올 수 없어요. 빛조차도요.

은하는 수십억 개의 별들이 중력으로 모여 있어요. 우주에는 수십억 개의 은하가 있어요.

우주 탐험선은 지구 궤도를 넘어서 먼 우주를 여행해요. 사람이 타지는 않아요.

## 일상생활에서의 우주 과학

우주는 매우 척박한 곳이에요. 극한의 온도에다가, 산소는 없고, 방사선의 위험이 있지요. 우주 탐험을 가능하게 하기 위해 매우 똑똑한 사람들이 수많은 연구를 했어요. 이러한 연구들로 온갖 종류의 놀라운 새로운 발명품들이 개발되었고, 그중 상당수는 오늘날 우리의 일상생활에서 편리하게 사용되고 있어요.

미국 항공 우주국(NASA)이 개발한, 우주에서 우주인들이 마실 물을 만드는 기술은 이제 개발 도상국에서 물을 정화하는 데 쓰여요.

우주 임무를 위해 작지만 성능 좋은 컴퓨터가 필요했기 때문에 오늘날 많이 쓰이는 가벼운 노트북 컴퓨터와 휴대용 기기들이 만들어졌어요.

우주복을 만드는 데 사용되는 천은 내열성이 강해 불에 타지 않아요. 그래서 이제는 소방관들을 위한 보호복을 만드는 데 써요.

휴대용 전화기 속 디지털카메라는 해상도가 높으면서 크기는 더 작게 카메라를 만드는 방법을 개발한 미국 항공 우주국 덕분이에요.

우리 은하 중심부까지는 약 2만 6,000광년이 걸려요.

우리 은하에서 가장 가까운 은하인 안드로메다까지 약 250만 광년이 걸려요.

현재까지 알려진 가장 먼 은하인 GN-z11까지 약 134억 광년이 걸려요.

# 중력을 거스르는 법

중국에서 서기 약 1000년쯤에 발명한 폭죽이 최초의 로켓으로서 하늘 위로 날아오를 수 있었어요. 그러나 과학자들이 우주까지 도달할 만큼 힘이 센 로켓을 개발한 것은 20세기가 되어서였어요. 이러한 혁명으로 인해 태양계와 그 너머에 대해 인류가 지금껏 꿈꿔 왔던 것보다 더 많은 것을 발견하는 것이 가능해졌어요.

**1** 1903년 러시아의 과학자 콘스탄틴 치올콥스키는 '로켓 방정식'을 발표했어요. 치올콥스키는 이론적으로 액체 연료를 동력으로 한 로켓이 지구 중력을 벗어나 궤도에까지 닿을 정도로 빠르게 추진될 수 있다는 것을 계산으로 보여 줬어요.

$$\Delta v = v_e \ln \frac{m_0}{}$$

**2** 1926년 미국의 과학자 로버트 고더드는 최초의 액체 연료 로켓을 쏘아 올렸어요. 휘발유와 액체 산소에 불을 붙여 얻은 동력으로 날아오른 로켓은 하늘로 12.5미터쯤 올라간 후, 2초 뒤 땅으로 떨어졌어요.

### 과학 이해하기
## 탈출 속도

지구의 중력이 지구와 지구 주변에 있는 모든 것을 지구 쪽으로 잡아당겨요. 물체가 이러한 중력의 힘에서 벗어나기 위해서는 매우 빠른 속도로 움직여야 해요. 이것을 '탈출 속도'라고 해요. 로켓이 이렇게 상상조차 할 수 없는 속도에 도달하기 위해서는 엄청난 양의 연료를 태워야 해요.

### 지구로 귀환하기

테니스 공이든 우주선이든 탈출 속도에 도달하지 못한 물체는 지구 중력이 잡아당기는 힘 때문에 다시 지구로 되돌아와요.

원뿔형의 '노즈콘'은 스푸트니크호를 싣고 온 로켓이 우주에 도달한 후 떨어져 나가요.

작은 스푸트니크 위성이 로켓에서 분리된 후 지구 궤도를 96분마다 한 번씩 돌아요.

로켓의 중심통 주위로 '부스터 엔진' 네 개가 달려 있어요. 연료를 다 쓰면 이 통들을 떨어뜨려서 로켓의 무게를 줄이고 속도를 높여요.

액체 연료를 태우면 가스가 방출되어 로켓을 우주로 밀어 올려요.

**3** 1950년대에 미국과 소련(소비에트 사회주의 공화국 연방, 러시아의 전신)이 우주에 로켓을 보내는 최초의 국가가 되고자 경합하면서 로켓 과학은 경쟁이 치열해졌어요. 1957년 소련이 '스푸트니크'라는 작은 위성을 우주에 쏘아 올릴 만큼 강력한 로켓을 발사하면서 이 경쟁에서 이겼어요. 마침내 사람이 만든 무언가가 우리의 행성을 떠났고, 더 많은 과학적 성취를 이룰 수 있게 되었어요.

### 지구 궤도 돌기

우주선의 속도가 시속 2만 7,000킬로미터에 달하면 우주로 나갈 수 있어요. 그러나 지구의 중력이 잡아당기는 힘과 균형을 이루면 스푸트니크호처럼 지구 궤도를 돌게 돼요.

### 지구 궤도 벗어나기

속도가 시속 4만 킬로미터에 이르면 우주선은 지구 중력의 힘에서 벗어나 태양계를 여행할 수 있어요.

# 중력, 질량, 무게

모든 물체는 중력이 있어요. 그러나 행성이나 별처럼 거대한 천체들만이 다른 물체에 눈에 띠는 영향을 줄 수 있어요. 질량이란 물체가 가진 물질의 양을 말해요. 질량이 더 클수록 끌어당기는 중력의 힘도 더 세져요. 무게는 얼마나 센 중력으로 질량을 잡아당기는지의 측정값이에요. 그 때문에 우주인이 태양계의 다른 곳에서 무게를 재면 그 값은 달라져요. 더 무거운 행성에서는 행성이 잡아당기는 중력도 세기 때문에 우주인의 무게는 증가하지요.

달은 태양계에서 지구 외에 인류가 가 본 유일한 곳이에요.

- 달에서 12킬로그램
- 수성에서 26.5킬로그램
- 화성에서 27.5킬로그램
- 천왕성에서 65킬로그램
- 금성에서 66킬로그램
- 지구에서 73킬로그램
- 토성에서 77.5킬로그램
- 해왕성에서 82킬로그램
- 목성에서 184.5킬로그램

우주인의 질량은 어디에서나 똑같아요. 그러나 태양계의 어느 행성에 있느냐에 따라 몸무게는 달라요.

목성은 태양계에서 가장 무거운 행성이에요. 그래서 물체를 잡아당기는 힘도 가장 세요.

## 이거 알요?

### 중력은 무엇을 하나요?

지구의 중력 때문에 우리가 공을 높이 던져도 결국 땅으로 떨어져요. 중력이 공을 지구 중심으로 끌어당기기 때문이에요. 그리고 우리가 땅 위에 발을 딛고 서 있을 수 있는 것도, 달이 지구 주위를 도는 것도 모두 중력 때문이에요.

## 공간 곡선

과학자들은 아직도 중력이 무엇 때문에 생기는지 확실하게 밝혀내지 못했어요. 그러나 알베르트 아인슈타인은 중력이 공간에 있는 '곡선' 때문에 생긴다고 설명했어요. 아인슈타인의 일반 상대성 이론에 따르면 큰 물체는 공간을 휘게 하거나 움푹 파이게 만들어서 주변의 물체를 끌어당겨요. 더 큰 물체일수록 공간을 더 휘게 만들어서 더 큰 중력으로 끌어당기게 돼요.

별이 공간을 크게 휘게 만들어서 많은 행성들을 잡아당길 수 있어요.

## 중력 조력

우주선은 제한된 양의 연료만 실을 수 있어요. 그래서 연료를 절약할 방법으로 우주 과학자들이 생각해 낸 것이 중력을 이용하는 것이에요. 이것을 '중력 조력'이라고 불러요. 우주선이 행성 근처를 지날 때, 그 행성이 끌어당기는 중력을 이용해서 귀중한 연료를 사용하지 않고도 속도를 높이거나 줄이는 거예요.

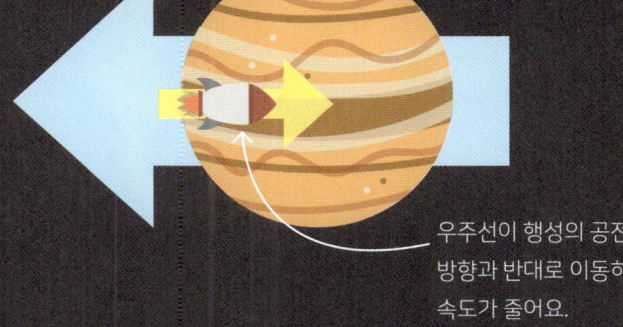

우주선이 행성의 공전 방향과 반대로 이동하면 속도가 줄어요.

우주선이 행성에 접근하면서 행성이 끌어당기는 중력을 받기 시작해요.

이제 행성 궤도 안에서 우주선은 행성의 공전으로 인한 가속을 받아 연료를 절약해요.

우주선은 더 빠른 속도로 행성의 궤도를 벗어나 다른 경로로 날아가요.

### 현실 속 과학

#### 주노의 임무

2011년 발사되어 목성을 향해 2년 동안 항해하던 미국 항공 우주국의 주노 탐사선은 2013년에 지구의 중력 조력을 사용했어요. 이때 얻은 추진력은 탐사선의 원래 로켓이 발사될 때 받은 힘만큼 강력했어요. 주노는 2016년 목성 궤도에 도착했어요.

# 모든 것이 시작된 방법

20세기 중반, 과학자들은 우주가 어떻게 시작되었는지에 대해 서로 의견이 달랐어요. 어느 과학자들은 우주가 원래부터 이렇게 존재해 왔고 앞으로도 같을 것이라고 믿었고, 또 다른 과학자들은 우주가 '빅뱅'이라는 대폭발 이후 생겨난 것이라고 믿었어요. 두 무리의 과학자들은 서로 의견 차이가 심했지요. 그러던 중 두 명의 과학자가 우연히 놀라운 발견을 했어요.

**1** 1964년 미국의 과학자 아노 펜지어스와 로버트 윌슨은 우리 은하에서 나오는 전파 신호를 연구하기 위해 미국 뉴저지주 홈델의 거대한 안테나를 사용하던 중이었어요. 둘은 마치 라디오 잡음 같은 이상한 웅웅거리는 소리를 들었어요.

**2** 안테나로 가리키는 곳마다, 심지어 아무것도 없는 빈 공간에서도 여전히 잡음 소리가 들렸어요. 펜지어스와 윌슨은 비둘기가 안테나 안에 둥지를 틀었는데 아마도 비둘기 똥이 간섭을 일으켜서 소리가 난다고 생각했어요. 그래서 둥지를 제거하고 똥을 깨끗이 치웠지요. 그러나 여전히 그 잡음이 들렸어요.

**3** 영문을 몰라서 머리를 싸매던 둘은 동료 과학자 로버트 디키의 흥미로운 이론을 발견하고는 디키를 초대해서 소리를 들려 줬어요. 세 과학자는 무언가 놀라운 것을 발견했다는 사실을 깨달았어요. 웅웅거리는 소리는 실제로 우주의 시작인 대폭발 때 방출된 복사선*의 잔재였어요!

*물체에서 방출되는 입자나 전자기파.

### 과학 이해하기
## 우주 배경 복사

거대한 안테나에 잡힌 복사선의 잔재를 '우주 배경 복사'라고 해요. 천문학자들은 우주 배경 복사가 대폭발 후 남겨진 빛이라고 생각하고 있어요. 이 발견은 만약에 빅뱅이 일어났다면, 거대한 초기 대폭발로 인해 우주 전반에 걸쳐 열복사 자취가 남아 있을 것이라는 로버트 디키의 이론과 일치했어요.

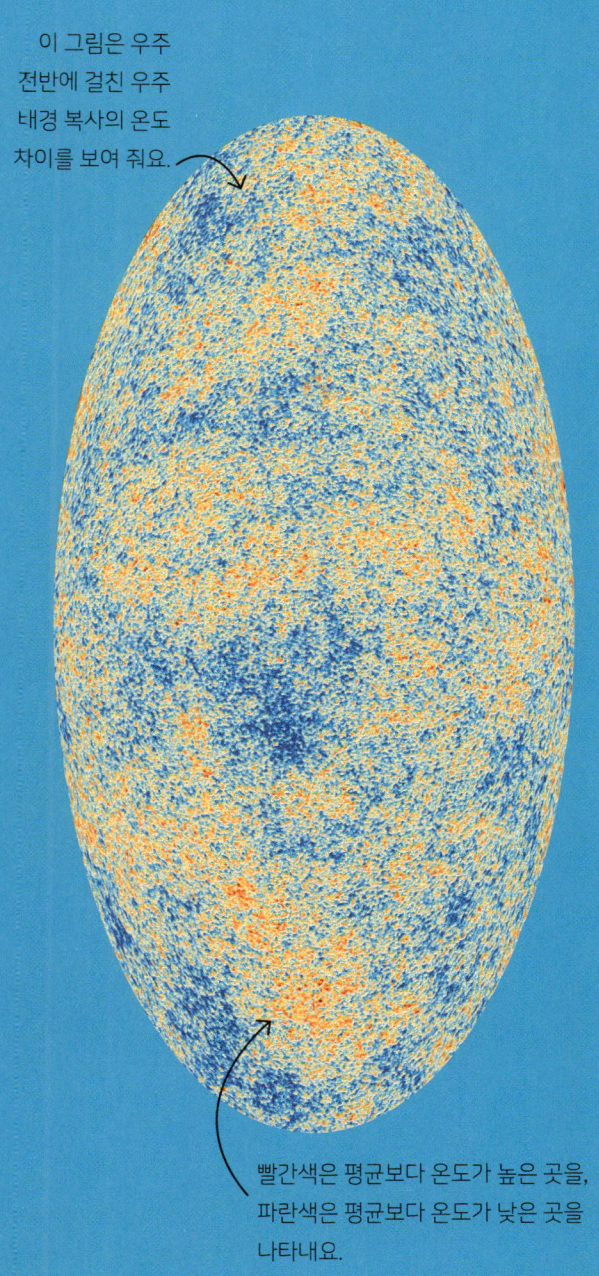

이 그림은 우주 전반에 걸친 우주 배경 복사의 온도 차이를 보여 줘요.

빨간색은 평균보다 온도가 높은 곳을, 파란색은 평균보다 온도가 낮은 곳을 나타내요.

117

# 모든 것은 처음에 어떻게 시작되었나요?

대폭발 이론에 따르면 우주는 138억 년 전에 시작되었어요. 모든 것이 하나의 작은 점에 모여 있었어요. 거대한 대폭발, 즉 빅뱅이 일어나 작은 점을 순식간에 팽창하도록 만들었고, 우리가 현재 알고 있는 우주를 생겨나게 했어요. 그 후 우주는 계속 팽창하고 있어요.

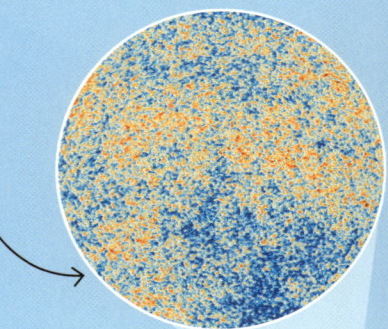

빅뱅으로 생겨난 빛나는 잔재인 우주 배경 복사는 이 시기까지 거슬러 올라가요.

### 빅뱅
빅뱅으로 우주의 팽창이 시작되었어요.

### 우주의 팽창
극히 짧은 시간에 우주가 급팽창했어요.

### 물질의 생성
우주가 팽창하면서 식기 시작해요. 물질(모든 물체를 이루는 것)이 생성되기 시작해요.

### 입자의 형성
약 1초 뒤, 아원자 입자인 양성자와 중성자가 만들어졌어요.

### 원자의 형성
약 38만 년 후, 전자와 중성자가 합쳐져서 최초의 원자가 만들어졌어요.

# 우주에서 우리가 있는 곳

태양은 우리 은하를 이루는 1000억 개의 별들 중 하나예요. 은하의 모양은 여러 종류가 있는데, 우리 은하는 중심부로부터 여러 개의 나선 모양의 '팔'이 뻗어 있는 나선 은하예요. 우리 태양계는 그중에 작은 팔인 오리온자리 팔에 놓여 있어요.

지구는 태양으로부터 세 번째에 있는 행성이에요.

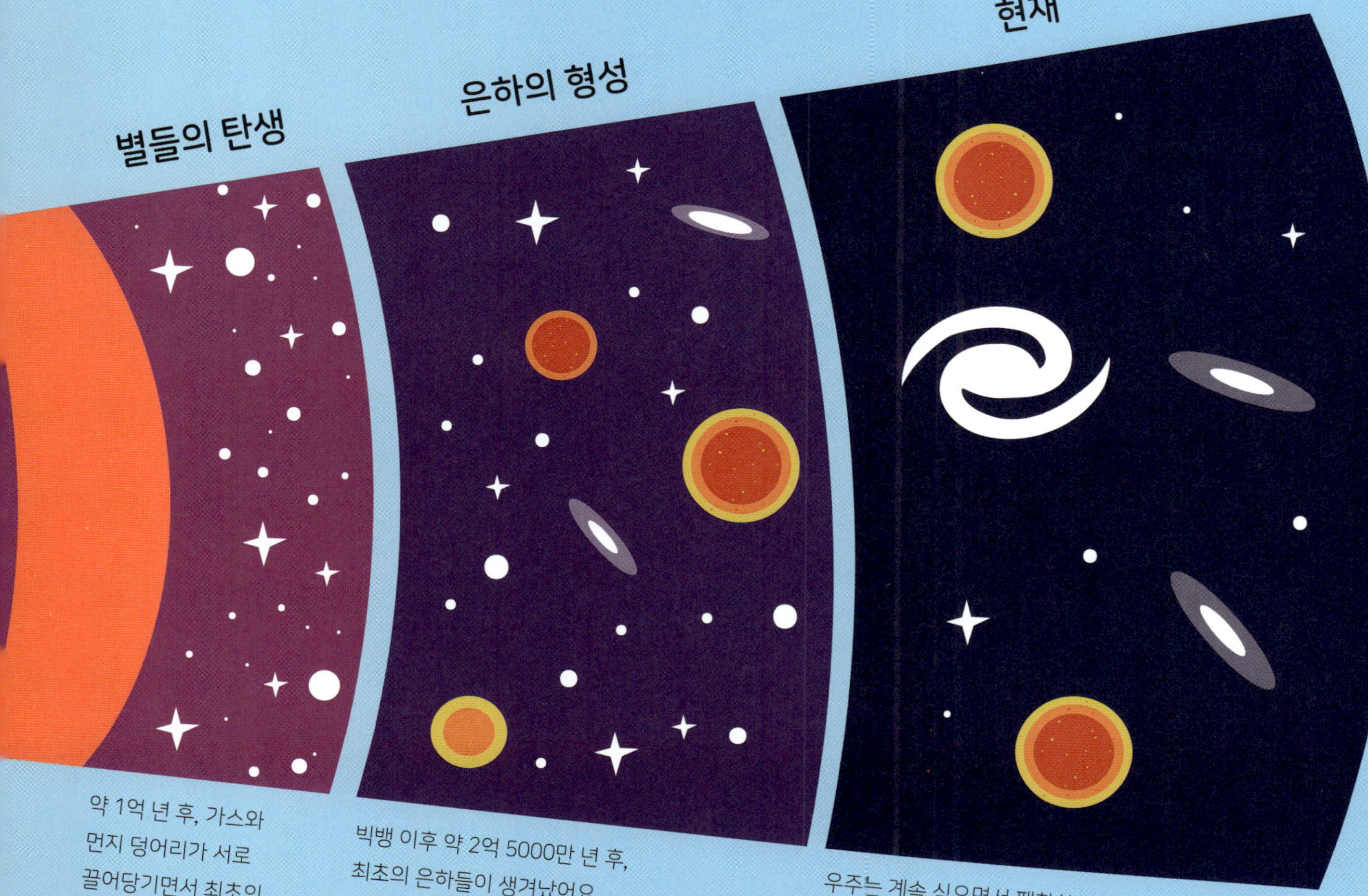

## 별들의 탄생

약 1억 년 후, 가스와 먼지 덩어리가 서로 끌어당기면서 최초의 별들이 생겨났어요.

## 은하의 형성

빅뱅 이후 약 2억 5000만 년 후, 최초의 은하들이 생겨났어요.

## 현재

우주는 계속 식으면서 팽창하고 있어요.

### 이거 알아요?

**점점 더 멀어지기**

우주는 아직도 빠르게 팽창하고 있어요. 이전보다 점점 더 빠른 속도로 가속 팽창을 하면서 모든 것들 사이의 거리가 더 멀어지고 있어요. 수백만 년 후의 미래에는 멀리 있는 별들이 지구에서 너무 멀어져서 별빛이 지구까지 도달하지 못하는 때가 올 거예요.

## 모든 것은 마지막에 어떻게 끝날까요?

우주의 팽창은 결국 에너지를 모두 소비하게 될 것이고, 수축을 시작해서 원래대로 하나의 점으로 돌아가게 될지도 몰라요. 이것을 '대함몰 이론'이라고 해요. 그리고 대함몰이 일어나고 남은 작고 압축된 물질의 점에서 다시 또 다른 우주가 시작될 수도 있어요.

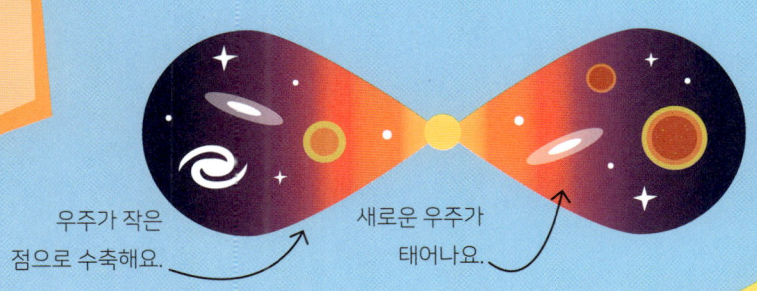

우주가 작은 점으로 수축해요.

새로운 우주가 태어나요.

# 대단한 우주 과학자들

고대부터 인간은 하늘을 쳐다보며 우리 세상 너머에 무엇이 있는지 궁금해했어요. 별자리를 만드는 일부터 인공위성을 지구 궤도에 보내기까지 우주에 대해 공부할수록 다른 세상에 대한 우리의 지식도 늘어났고, 우리가 가능할 것이라고 믿었던 경계도 더 넓어졌어요.

## 천문 지도

조선의 천문학자들이 '천상열차분야지도'라는 밤하늘을 자세하게 나타낸 지도를 만들었어요. 이 지도에는 1,467개의 별들이 그려져 있고, 295개의 별자리(별들 사이에 선을 그려 상상의 모양을 만든 것)를 구별해 놓았어요.

서기 7세기

1395년

1420년대

## 고대 한국의 천문대

한국 신라 왕조의 수도였던 현재의 경주에 천문학자들이 '첨성대'라는 천문대를 지었어요. 첨성대는 '별을 관측하기 위한 곳'이라는 뜻이지요. 첨성대는 고대 천문학자들이 밤하늘을 더 잘 관측할 수 있도록 해 주었어요. 첨성대는 오늘날까지 남아 있는 세계에서 가장 오래된 천문대 중 하나예요.

## 울루그베그

천문학자이자 중앙아시아 티무르 제국의 술탄이었던 울루그베그가 사마르칸트(현재 우즈베키스탄의 도시)에 3층짜리 천문대를 세웠어요. 이 건물은 1449년에 파괴되었지만, 거대한 육분의(별들의 위치를 재는 데 사용했던 도구)의 잔해가 아직 남아 있어요.

첨성대는 360여 개의 돌로 이루어져 있어요. 돌들의 수가 일 년을 나타낸다는 이야기가 있어요.

120

## 타키 알딘 천문대

수학자이자 천문학자인 타키 알딘은 오스만 제국의 수도였던 콘스탄티노플(현재의 이스탄불)에 천문대를 세웠어요. 천문대는 비록 몇 년 정도만 존재했지만, 그 당시 세계에서 가장 큰 천문대 중 하나였어요.

## 타원 궤도

독일의 수학자이자 천문학자인 요하네스 케플러가 행성 운동 법칙을 발표했어요. 이 법칙들은 행성들이 태양 주위를 타원 궤도 모양으로 공전한다는 것을 증명하였고, 각 궤도의 다양한 지점에서 행성의 속도가 얼마인지 계산하는 방법도 보여 주었어요.

1543년 — 1577년 — 1609년 — 1610년

## 태양 주위 공전

폴란드의 천문학자 니콜라우스 코페르니쿠스가 우주의 중심은 지구가 아니라 태양이고, 모든 행성과 별이 태양 주위를 돈다는 '태양 중심설'을 발표했어요. 현재는 비록 태양이 태양계의 중심이기는 하지만 우주의 중심은 아니라는 것이 알려졌지만, 그 당시 코페르니쿠스의 이론은 사람들이 널리 믿던 통념에 반하는 것이었기 때문에 매우 충격적이었어요.

## 목성의 위성들

이탈리아의 천문학자 갈릴레오 갈릴레이는 망원경으로 관측하여 목성 주위를 도는 위성 네 개를 발견했어요. 목성의 위성들은 코페르니쿠스가 말했던 대로, 우주에 있는 모든 것들이 지구 주위를 도는 것은 아니라는 증거였어요. 이로 인해, 갈릴레이는 코페르니쿠스의 태양 중심설을 지지하게 되었어요.

갈릴레이는 망원경을 사용하여 천문 관측을 한 최초의 과학자들 중 한 명이에요.

121

## 맥동성

케페이드 변광성(시간에 따라 밝기가 변하는 별)이라는 별들의 무리를 연구하던 미국의 천문학자 헨리에타 스완 레빗은 밝기의 한 주기를 완성하는 데 걸리는 시간과 밝기의 정도 사이에 관계가 있다는 것을 발견했어요. 이 발견으로 지구로부터 이 별들까지의 거리를 계산할 수 있게 되었어요.

## 블랙홀의 발견

수십 년 동안 과학자들은 블랙홀(중력의 힘이 너무 세서 아무것도 빠져나올 수 없는 우주 공간)의 존재를 의심해 왔어요. 대기 관측 로켓의 엑스선 검출기로 백조자리 X-1이 발견되면서 블랙홀이 실제로 존재한다는 사실이 증명되었어요. 이것은 이제 '항성 질량 블랙홀'인 것으로 밝혀졌는데, 이는 무거운 별이 붕괴되면서 생성된 블랙홀을 뜻해요.

1912년   1961년   1964년   1967년

## 최초의 우주 비행

소련의 우주 비행사 유리 가가린이 인류 최초로 우주 비행을 했어요. 가가린은 보스토크 1호 우주선을 타고 108분 동안 지구 궤도를 비행했어요. 다시 대기권으로 진입했을 때, 가가린은 우주선 캡슐에서 탈출하여 낙하산을 이용해 지상으로 돌아왔어요.

## 수수께끼가 풀리다

북아일랜드의 물리학자 조슬린 벨 버넬은 망원경 제작에 참여했어요. 그리고 그 망원경을 사용하여 우주에서 오는 이상한 전파 신호를 감지했어요. 버넬과 동료들은 후에 그 전파 신호가 초거성이 폭발 후 붕괴되고 남은 잔재가 엄청난 밀도로 압축되어 만들어진 천체인 중성자별에서 온다는 것을 알아냈어요. 이 천체는 매우 빠르게 자전하면서 광선을 방출해요. 이것을 '펄서'라고 해요.

수십억 킬로미터 떨어진 곳에서 보이저의 안테나가 지구로 신호를 보내요.

## 허블 망원경

미국 항공 우주국은 허블 망원경을 지구 궤도로 띄웠어요. 이것은 최초의 우주 망원경이에요. 허블은 지구 대기권 위에 있어서 지상에 있을 때보다 훨씬 깨끗하게 우주를 볼 수 있어요. 허블 우주 망원경 덕분에 과학자들은 수십억 광년 떨어진 우주를 볼 수 있었고, 새로운 행성과 별, 은하, 그리고 다른 많은 현상들을 발견할 수 있었어요.

## 보이저 1호

미국 항공 우주국에서 1977년에 발사한 보이저 1호 우주 탐사선은 목성과 토성 상공을 날면서 정보를 수집할 목적으로 우주로 보내졌어요. 그러나 여정은 그것으로 끝나지 않았고, 2012년 8월 보이저 1호는 성간 공간으로 진입했어요. 태양계를 벗어난 인류 최초의 물체가 된 거예요.

2012년    2021년

1969년    1990년

## 최초의 달 착륙

유리 가가린이 우주 비행을 한 후 8년이 지난 뒤, 미국의 우주 비행사 닐 암스트롱이 인류 최초로 달을 밟았어요. 그리고 19분 뒤 암스트롱의 뒤를 이어 동료 버즈 올드린이 달에 내려 섰어요. 둘은 달 표면에 미국 국기를 꽂고, 사진을 찍었고, 달의 암석과 흙을 채취했으며 과학 실험을 수행했어요. 그리고 안전하게 지구로 귀환했어요.

## 화성 탐사 임무

미국 항공 우주국의 퍼서비어런스 로버가 화성의 암석과 먼지 표본을 채취하고, 언젠가 화성에 살았을지도 모르는 생명체의 흔적을 찾고, 화성 대기에서 산소를 만들어 내는 것이 가능한지 시험하기 위해 화성에 착륙했어요. 과학자들은 언젠가 인류가 최초로 이 붉은 행성을 탐사하는 미래의 임무를 대비하기 위해서 이러한 실험들을 설계했어요.

# 과학의 별들

수학자부터 미생물학자까지, 천체물리학자부터 전기 공학자에 이르기까지 전 세계의 과학자들은 세상과 우주 너머에 관한 우리의 지식을 넓혀 주었어요. 여기에 모은 과학의 별들은 우리가 감사해야 할 많은 훌륭한 과학자들 중 극히 일부예요.

## 물리학
### 잭 킬비

미국의 전기공학자 잭 킬비(1923~2005년)는 최초로 집적 회로(마이크로칩)를 만들었어요. 킬비의 훌륭한 발명 덕분에 전자 제품이 좀 더 작게, 저렴하게, 그리고 안정적으로 만들어질 수 있었어요.

## 생물학
### 로절린드 프랭클린

영국의 과학자 로절린드 프랭클린(1920~1958년)은 디엔에이(DNA, 생물 세포의 화학 정보)의 정체를 밝혀내는 데 크게 공헌했어요. 프랭클린은 디엔에이 분자를 엑스선으로 찍어 그 구조를 밝혀냈어요. 프랭클린의 연구를 통해 과학자들은 생물이 어떻게 유전 정보를 전달하는지 알아낼 수 있었어요.

### 장 자크 무엠베-탐품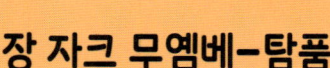

1970년대 콩고의 미생물학자 장 자크 무엠베-탐품(1942년생)은 치명적인 질병인 에볼라를 최초로 발견한 사람들 중 한 명이에요. 2010년대에 므옘베-탐품이 이끈 팀이 성공적인 치료법을 개발했어요.

## 지구 과학
### 유니스 뉴턴 푸트

태양 광선이 다양한 종류의 가스에 어떤 영향을 미치는지를 실험하던 미국의 과학자 유니스 뉴턴 푸트(1819~1888년)가 지구 대기에 있는 이산화탄소의 양이 증가하는 것에 따른 위험을 발견했어요. 푸트는 지구 온난화의 원인을 알아냈어요.

## 화학
### 퍼시 라본 줄리언

퍼시 라본 줄리언(1899~1975년)은 인종 차별에 맞서 싸워 미국의 가장 영향력 있는 화학자 가운데 한 명이 되었어요. 줄리언은 식물에서 약 성분을 추출하여 합성하는 연구를 하여 약을 대량 생산이 가능하도록 한 선구자예요.

## 자가디시 찬드라 보스

인도의 과학자 자가디시 찬드라 보스(1858~1937년)는 전파 신호를 감지할 수 있는 장치를 만들었어요. 찬드라 보스가 이 장치에 대한 특허를 내지 않기로 결정하면서, 라디오를 발명한 이탈리아의 굴리엘모 마르코니가 대신 명성을 얻게 되었어요.

## 네르기스 마발발라

파키스탄계 천체물리학자 네르기스 마발발라(1968년생)는 최초로 중력파(우주에 격렬한 사건으로 인해 생긴 공간의 물결)를 발견한 팀을 이끈 리더 중 한 명이에요. 이들의 연구는 알베르트 아인슈타인의 일반 상대성 이론의 주요 내용이 사실임을 확인해 주었어요.

## 마리오 몰리나

멕시코의 화학자 마리오 몰리나(1943~2020년)는 인간이 만든 해로운 화학 물질들이 지구 대기의 오존층을 파괴한다는 것을 발견했어요. 몰리나는 후에 이러한 화학 물질 사용에 반대하는 국제 조약을 만드는 것을 도와 오존층이 회복될 수 있도록 노력했어요.

## 왕가리 마타이

케냐의 환경운동가 왕가리 마타이(1940~2011년)는 '그린 벨트 운동'이라는 조직을 세웠어요. 그리고 환경이 파괴된 곳을 회복시키기 위해서 5,000만 그루의 나무를 심는 운동을 전개했어요.

## 우주 과학

### 발렌티나 테레시코바

1963년, 러시아의 우주 비행사 발렌티나 테레시코바(1937년생)가 여성 최초로 우주 비행을 했어요. 테레시코바는 다양한 실험을 통해 우주 비행시 사람의 신체가 어떻게 반응하는지를 기록했어요.

### 수브라마니안 찬드라세카르

1930년대에, 인도의 천체 물리학자 수브라마니안 찬드라세카르(1910~1995년)는 블랙홀이 존재한다는 것을 증명하는 계산을 했어요. 그러나 과학계에서 찬드라세카르의 이론을 받아들이기까지는 그 후 40년이 걸렸어요.

## 거트루드 벨 엘리언

신약을 연구하던 미국의 화학자 거트루드 벨 엘리언(1908~1999년)은 세포에서 질병을 일으키는 병원체만 죽이고 숙주 세포 자체에는 해를 끼치지 않는 약을 설계하는 방법을 고안했어요. 엘리언의 연구는 백혈병, 말라리아를 비롯해 여러 가지 바이러스 감염병 치료에 성공적으로 사용되고 있어요.

# 용어 설명

**가스**
기체 물질.

**경도**
본초 자오선(북극에서 영국 런던에 있는 그리니치 천문대를 지나 남극까지 잇는 가상의 선)을 기준으로 동쪽 또는 서쪽으로 얼마만큼 떨어져 있는지를 나타내는 값.

**고분자**
작은 분자들이 연쇄적으로 모여서 형성된 매우 큰 분자. 튼튼한 특성 때문에 많은 곳에서 유용하게 쓰여요.

**고체**
고정된 모양이 있는 물질. 고체 상태에서 입자는 서로 빽빽이 나열되어 있어요.

**과학적 방법**
과학자들이 실험을 통해 자신의 발상을 시험하여 새로운 사실을 발견하는 방법.

**광년**
빛이 일 년 동안 이동하는 거리. 우주에서의 거리를 나타내는 단위로 사용돼요.

**광물**
암석에서 발견되는 자연적으로 생긴 물질.

**금속**
단단하고, 모양을 만들기 쉽고, 전기가 흐를 수 있는 등의 매우 유용한 특성을 지닌 원소들의 무리를 일컫는 말.

**기압계**
기압을 재는 기구.

**기체**
어떤 모양도 될 수 있고 용기에도 채워질 수 있는 물질. 기체 상태에서 입자는 자유롭게 움직여요.

**대립 형질**
여러 다른 변이로 나타-날 수 있는 유전자 쌍.

**디엔에이(DNA)**
데옥시리보 핵산을 줄여서 부르는 이름. 세포 안에 유전 정보를 저장하는 화합물이에요.

**물리학**
에너지, 운동, 공간, 시간과 같은 개념과 우주의 원리가 무엇인지를 연구하는 학문.

**물질**
우리 주변의 모든 것이 물질이에요.

**미생물**
박테리아나 세균처럼 작은 유기체로 현미경으로만 볼 수 있어요. 생물체에 해로운 미생물도 있어요.

**바이러스**
살아 있는 세포를 감염시키고 자신의 복제물을 만드는 작은 기생균.

**박테리아**
지구상에 있는 가장 주요한 생명체 중 하나로 매우 작은 단세포 생물.

**방사능**
방사선을 방출하는 일. 대부분의 원자가 안정적인 (즉, 시간이 흘러도 변하지 않는) 반면, 어떤 원자들은 불안정해서 쪼개지면서 방사선을 방출해요. 이렇게 불안정한 원자를 방사능 원자라고 해요.

**번식**
생물이 수를 늘리는 것.

**별**
매우 뜨거운 가스(주로 수소와 헬륨)가 중력으로 인해 모여 있는 거대한 공 모양의 천체.

**복사**
에너지가 파동이나 입자의 형태로 한 곳에서 다른 곳으로 이동하는 것.

**분자**
두 개 이상의 원자가 합쳐진 것.

**빅뱅**
우주가 138억 년 전에 어떻게 시작되었는지를 설명하는 과학 이론.

**빛**
에너지의 형태로 빛이 있어야 우리가 사물을 볼 수 있어요.

**산성**
pH 농도가 7보다 낮은 물질.

**생물학**
생물체를 연구하는 학문.

**세포**
생명체의 가장 작은 단위. 세포는 생물을 이루는 기본 구성 요소예요.

**수중 음파 탐지**
음파를 보내고 그 반향을 해석해서 물체를 감지하는 방법.

**습도계**
대기 중의 습도를 재는 기구.

**압력**
어느 부분에 작용하는 힘의 양.

**액체**
공간을 채우거나 쉽게 흐를 수 있는 물질. 액체 속의 입자는 자유롭게 움직여요.

**양성자**
원자의 핵에 있는 주요 입자 중 하나. 양성자는 양성의 전하를 띠어요.

**에너지**
일을 할 수 있는 능력.

**엑스선**
인체 내의 사진을 찍을 수 있는 빛의 일종.

**연금술**
고대 학자들이 '현자의 돌'이라는 상상의 물질을 찾으려고 했던 화학의 초기 형태. 다른 금속을 금으로 바꿀 수 있다고 믿었어요.

**염기**
pH 농도가 7 이상인 물질.

**오존**
지구 대기층을 이루는 산소의 종류. 태양 광선으로부터 우리를 보호해요.

**온도계**
온도를 재는 기구.

**용액**
물질의 분자가 액체에 흩어져서 섞여 있는 것.

**우리 은하**
수십억 개의 별들이 나선 모양으로 모여 있는 거대한 은하. 우리 태양계는 우리 은하 안에 놓여 있어요.

**우주**
모든 것을 포함하는 전 공간.

**원소**
더 간단한 물질로 분리할 수 없는 순수한 물질.

**원자**
우리 주변의 모든 것을 이루는 작은 입자. 원자는 양성자, 중성자, 전자로 이루어져 있어요.

**원자력**
원자의 핵과 관련된 것으로, 핵이 나누어지거나 두 핵이 서로 융합될 때 원자력 에너지가 생겨요.

**위도**
적도로부터 북쪽이나 남쪽으로 얼마만큼 떨어져 있는지를 나타내는 값.

**위치 정보 시스템(GPS)**
지구와 우주에 있는 인공위성 체계로 우리가 어디에 있는지, 원하는 목적지를 어떻게 갈 수 있는지를 알려 줘요.

**유기체**
생물. 전체를 이루는 부분이 밀접하게 관련되어 있어요.

**유전자**
부모로부터 자식 세대로 전해져서 특성을 나타내는 생물 세포 안에 있는 정보.

**유전학**
유전자가 부모 세대에서 자식 세대로 어떻게 전해지는지를 연구하는 학문.

**은하**
가스와 먼지 구름과 별들이 중력으로 모여 있는 거대한 천체. 우주에는 수십억 개의 은하가 있어요.

**입자**
원자나 분자같이 물질의 작은 부분.

**자석**
자성을 띠고 있어서 금속 종류를 잡아당길 수 있는 물체.

**자연 선택**
생물이 생존하기 위해서 오랜 기간에 걸쳐 환경에 적응하면서 변화되는 과정.

**적도**
지구를 균등하게 북반구와 남반구로 나누는 가상의 선. 위도의 기준이 되어요.

**전기**
전자들이 움직여서 생겨난 에너지의 흐름.

**전류**
전하의 흐름.

**전하**
물체가 띠고 있는 정전기의 양.

**절연**
전류가 통하지 못하게 하는 일.

**정전기**
물체 표면에 전하가 쌓여서 움직이지 않는 정지 상태의 전기를 만들어요.

**주기율표**
알려진 원소들을 모두 정리해 놓은 표.

**중력 조력**
우주 탐사선이 행성 근처를 지날 때 행성의 중력을 이용하여 속도를 바꾸는 것.

**중력**
물체를 끌어당기는 보이지 않는 힘. 우리가 지구에 서 있을 수 있는 것도, 그리고 물체가 아래로 떨어지는 것도 모두 중력 때문이에요.

**중성자**
원자의 핵에 있는 주요 입자 중 하나. 중성자는 전하를 띠지 않아요.

**중합 반응**
단위체가 두 개 이상 결합하여 더 큰 화합물이 되는 것. 그 결과물을 중합체 또는 폴리머라고 해요.

**지구 과학**
지구와 대기를 연구하는 학문.

**지구 온난화**
지구의 평균 기온이 인간의 활동으로 인해서 높아지는 것.

**지질학**
암석과 광물을 연구하는 학문.

**진화**
생물이 자연 선택에 의해 환경에 적응해 가면서 서서히 변화되는 것.

**질량**
물체가 가진 물질의 양. 단위는 킬로그램, 그램, 톤을 사용해요.

**탈출 속도**
물체가 지구 중력을 벗어나 우주로 날아갈 수 있는 속도.

**태양계**
태양과 그 주변을 도는 지구 및 행성들. 태양계는 우리 은하의 극히 일부분이에요.

**항생제**
박테리아를 죽이는 약.

**항원**
생물의 몸에 침입해 항체를 만들게 하는 물질. 병을 일으키는 세균이나 독소 등이 있어요.

**항체**
항원에 맞서 싸우기 위해 면역계에서 만들어 내는 물질.

**혼합물**
두 개 이상의 원소를 섞은 물질.

**화석**
유기체가 암석에 남아 있거나 흔적이 보존된 것.

**화학 반응**
하나 또는 여러 개의 물질에 있는 원자들이 재정렬되면서 새로운 물질이 형성되는 과정.

**화학**
물질을 연구하고 무엇이 물질을 변하게 하는지를 연구하는 학문.

**화합물**
물질의 또 다른 말. 보통 여러 개의 원소로 되어 있어요.

**힘**
물체를 밀거나 잡아당기는 것. 힘은 물체의 속도나, 방향, 모양을 변화시킬 수 있어요.

**pH 농도**
물질이 산성인지 염기성인지를 측정하는 기준. pH는 페하라고 읽어요.

# 찾아보기

가스 62, 63, 65, 67, 75, 76, 78, 85, 91, 102, 107, 110, 113, 119, 124
갈릴레오 갈릴레이 57, 98, 121
건강 6, 7, 10, 16~19, 24~27, 36, 37, 38 39, 48~51, 55, 64~67, 85, 103, 124-125
건전지 43, 46
경도 98~99
고무 80, 82, 86
고분자 81~83
고생물 12~15
공간 곡선 115
공룡 6, 11, 13, 14~15, 107
공해 83, 91
과학 혁명 57
과학적 방법 70~71
광년 110~111
구름 06
구애 행위 35
궤도 112, 113, 121
그래핀 87
금 68~71, 74
금속 74, 79, 84, 91
기계 43, 56
기압 94

나침반 56
날씨 7, 90, 92~95, 107
녹말 82
농업 10, 94, 107
뇌 66, 67

다이너마이트 79
달 111, 114, 123
대기 62, 90, 91, 104, 107, 122, 123, 124
대립 형질 22
대폭발 59, 117~119
동물 10, 11, 27, 32~35, 91
디엔에이 17, 50, 103, 124

로봇 39
로켓 76~79, 112~113, 115

마취 64~67
만물 이론 59
망원경 51, 121, 122, 123
면역 체계 18
멸종 107
목성 114, 115, 121
물리학/물리학자 42~43, 56~59
물질 6, 42, 62, 63, 80~83, 114
미생물 28~31

바이러스 16~19
박테리아 24~27, 83
반향 정위 52~53
발전소 46, 102
방사능 100~103
방사선 치료 103
백신 16~18
번개 44, 45
벌 11, 39
별 51, 119, 120, 122
복제 39
분자 50, 63, 76, 81
분젠 버너 86
불꽃놀이 76~79, 112
블랙홀 59, 111, 122, 125
비 92~95, 104
빛 43, 51, 58

산소 63, 67, 78, 85, 111, 123
산호 백화 현상 103
상대성 이론 58, 115, 125
상태 62
생물학/생물학자 10~11, 36~39
생체 발광 27
선택적 번식 20, 22
섬유소 82
세포 11, 17, 37, 38, 66
소행성 107, 110
수술 36, 64~67
수중 음파 탐지기 52~55
슈퍼 버그 27
습도 94
시간 42, 56, 58, 98, 99
식물 10, 11, 32, 37
신경계 66
실크 31, 80, 82

아원자 입자 43, 118
아이작 뉴턴 57, 58
알베르트 아인슈타인 58, 59, 115
암 103
암석 12~15, 90, 104, 106, 107, 110, 123
에너지 42, 77, 91, 102
엑스선 48~51, 124
여행 7, 43, 96~99, 112~115
연금술 68, 71, 76, 84, 85
연소 78, 85
열대 우림 90
온도 측정 95, 105
온실 효과 91
우리 은하 116, 118
우주 42, 110, 116~119, 125
우주 과학/우주 과학자 110~111
우주 배경 복사 117, 118

우주선 6, 111, 112~113, 123
원소 63, 72~75, 84, 85
원자 43, 56, 59, 62, 63, 72, 76, 100, 101, 102, 118
원자력 에너지 102
원자핵 43, 59
위도 96~97
위치 정보 시스템 98
유전적 특성 20~23
유전학 20~23, 50, 124
육분의 97, 120
은하 51, 111, 119
음식 보관 28~31, 87
인공위성 43, 95, 107, 113
인체 10, 11, 23, 48, 49, 125

자연 선택 33~35
저온 살균 29~30
적응 34
전기 43, 44~47
전자기 58
전자기파 48
전하 44~45
정전기 47
주기율표 72~75
중력 42, 57, 112~115
지구 5, 105, 106, 107, 118, 121
지구 온난화 6, 91, 124
지구 과학/지구 과학자 90~91, 104~107
지렛대 56
지진 91, 104, 106, 106
지진파 104, 106
지질학 13, 90
진화 32~35, 38
질량 42, 57, 114
질병 10, 16~19, 26, 38, 39, 103, 124~125

찰스 다윈 32~35, 105
천문대 120, 121
천문학 96~97, 117, 120~121
천연자원 90, 91
초음파 검사 55
치과 67

컴퓨터 단층 촬영 50
코로나19 바이러스 17, 19

탈출 속도 112~113
태양 90, 110, 118, 121, 12
태양계 6, 118, 121, 123

판게아 106
판구조 54
펄사 122
페니실린 25, 26
플라스틱 63, 80~83, 90

합성 소재 80~83
항생제 25, 26, 27
해양 90, 91, 100, 101
핵무기 100, 102
핵분열 59, 102
허블 망원경 123
헬륨 63, 75
현미경 37, 38
혈액 18, 38
화석 6, 12~15, 105
화성 123
화약 76~79
화학/화학자 62~63, 84~87
화학 결합 63
화학 반응 76~77, 85
환경 운동 107
힘 6, 42, 43

pH 지수 30~31, 87

## 감사의 말/ 도판 목록

**DK would like to thank the following people for their assistance in the preparation of this book:**

Editorial Assistant: Zaira Budaly; Additional Writing: Maliha Abidi; Picture Research: Vagisha Pushp; Picture Research Manager: Taiyaba Khatoon; Cutouts and Retouches: Neeraj Bhatia; Jacket Designer: Juhi Sheth; DTP Designer: Rakesh Kumar; Jackets Editorial Coordinator: Priyanka Sharma; Managing Jackets Editor: Saloni Singh; Incex: Helen Peters; Proofreading: Victoria Pyke.

**The publisher would like to thank the following for their kind permission to reproduce their photographs:**

(Key: a-above; b-below/bottom; c-center; f-far; l-left; r-right; t-top)

**10 Shutterstock.com:** gillmar (crb). **14 Getty Images:** Barcroft Media / Feature China (cb). **19 Dreamstime.com:** Sdecoret (cra). **23 123RF.com:** angellodeco (cra). **27 Science Photo Library:** Michael J Daly (cra). **31 Dreamstime.com:** Photka (br). **35 Alamy Stock Photo:** Minden Pictures / Buitenbeeld / Otto Plantema (br). **46 Getty Images / iStock:** PARETO (br). **50 Alamy Stock Photo:** Dino Fracchia (clb); Science Photo Library / Alfred Pasieka (crb). **Science Photo Library:** Biografx / Kenneth Eward (cb). **51 Depositphotos Inc:** NASA.image (cra). **55 Dreamstime.com:** Monkey Business Images (br). **62 Shutterstock.com:** Shin Okamoto (crb). **67 Dreamstime.com:** Imtmphoto (br). **70 Dreamstime.com:** Paul Reid (cr). **75 Dreamstime.com:** South12th (bc). **79 Alamy Stock Photo:** SWNS (cr). **83 Alamy Stock Photo:** Cultura Creative RF / Monty Rakusen (cra). **94 Alamy Stock Photo:** John Bentley (tr). **97 Dorling Kindersley:** Science Museum, London / Dave King (br). **98 Alamy Stock Photo:** Maria Galan Clik (bc). **103 Dreamstime.com:** Seadam (bc). **115 Alamy Stock Photo:** Naeblys (bc). **117 Alamy Stock Photo:** Science History Images / Photo Researchers (crb). **118 Alamy Stock Photo:** Science History Images / Photo Researchers (tr)

All other images © Dorling Kindersley

For further information, see: www.dkimages.com